Rainer Lutra

Brief an meine Witwen
Reflexion über die Frauen an meiner Seite

Das Buch

Mein Buch ist ein Brief und kein Trennungsratgeber!

Der Inhalt dieses Buches ist fiktive Realität. Sollten sich Personen vermeintlich wiedererkennen, dann entspricht ihre angenommene Ähnlichkeit bestimmt nicht meiner subjektiven Wahrnehmung. Denn meine Wahrnehmung war, und ist immer subjektiv. Die beschriebenen Personen sind Fiktion.
Die mehrfachen Abschiede im Laufe meines Lebens und die emotionalen Erschütterungen, die sie hinterlassen haben, ermutigtem mich zu reflektieren. Der Wiederholungscharakter dieser Verluste stellt die Frage: Wie viel von uns bleibt zurück, wenn wir uns jedes Mal ein Stück neu zusammensetzen müssen? Welche Narben prägen uns und werden mit der Zeit Teil unserer Identität?

Meine Gedanken können trösten als auch verbinden, denn sie zeigen, dass wir, trotz aller Einschnitte die wir erleiden, nie allein sind.

Der Autor

Rainer Lutra, geboren 1954, Vater von zwei Söhnen, lebte ein aufregendes Leben.

Rainer Lutra

Brief an meine Witwen

Reflexion über die Frauen an meiner Seite

1. Auflage

© November 2024

Umschlaggestaltung: Rainer Lutra

Verlag: BoD · Books on Demand GmbH,

In de Tarpen 42, 22848 Norderstedt

Druck: Libri Plureos GmbH,

Friedensallee 273, 22763 Hamburg

ISBN: 978-3-7693-1499-1

E-Mail des Autors: r.lutra@gmx.de

"Der Moment, als ich begriff, dass Liebe und Verlust dieselbe Sprache sprechen, blieb wie ein Echo in meinem Herzen, das nie zu verstummen scheint."

Lebensabschnitte

7   Ein Leben voller Liebe, Verlust und
Hoffnung

8   Flug nach Westen

13   Herantasten

16   Hafen der Ehe

38   Landung am Nicola Tesla Flughafen

60   Die Narzisstin

72   Russisch Roulette

84   Wiener Walzer

101 Ein Zerbrechen der Zärtlichkeit

105 Sachliche Romanze

110 Mein letzter Brief an Maria

141 Stufen

142 Seelenschmerz

Ein Leben voller Liebe, Verlust und Hoffnungen - Erinnerungen nach fünfzig Jahren

Wenn ich zurückblicke, auf die fünfzig vergangenen Jahre meines Erwachsenenlebens, die voller Liebe und Verlust waren, erkenne ich, dass die Beziehungen zu den Frauen, die ich liebte, den Sinn meiner Existenz geprägt haben. Jede dieser Frauen war auf ihre Art für mich einzigartig, jede auf ihre eigene Weise unvergesslich. Auch wenn ich mir nach jedem Verlust vorgenommen hatte, die vorangegangene Beziehung besser zu vergessen. Doch gleichzeitig trage ich auch den Schmerz ihrer Abwesenheit in meinem Herzen, denn alle Frauen die ich liebte, sind nun Witwen, meine Witwen, und ich gehe den Weg, allein, mit den Erinnerungen an vergangene Zeiten.

Letzter Brief vor dem
"Flug nach Westen"

In emotionaler Vorbereitung auf meinem letzten "Flug nach Westen" fühle ich das Bedürfnis, meine Gedanken und Gefühle in einem letzten Brief an Euch zu wahren. Es ist schwer, die richtigen Worte zu finden, um das Gewicht meiner Emotionen angemessen auszudrücken, aber ich möchte es dennoch versuchen.

Warum nennen es insbesondere Piloten den "Letzten Flug nach Westen"? Die Metapher des "Fluges nach Westen" für den Tod stammt aus verschiedenen kulturellen und spirituellen Traditionen und hat ihre Wurzeln in der Vorstellung, dass die Sonne im Westen untergeht, was symbolisch für das Ende des Tages und damit auch für das Ende des Lebens steht.

In einigen Kulturen, insbesondere in indigenen Traditionen Nordamerikas, wird der Westen als der Ort betrachtet, an dem die Seelen nach dem Tod hingehen. Dieses Konzept spiegelt sich oft in Sprache und Symbolik wider, wobei der Tod als "Reise nach Westen" oder eben als "Flug nach Westen" bezeichnet wird.

Der Begriff "Flug" impliziert eine Bewegung, eine Reise von einem Ort zum anderen, was darauf hinweist, dass der Tod als Übergang von einem Zustand des Lebens zu einem anderen betrachtet wird. Die Verwendung des Begriffs "nach Westen" verstärkt diese Vorstellung einer Reise in eine andere Dimension oder Welt.

Diese Metapher kann auch eine spirituelle Bedeutung haben, da der Westen oft mit dem Ende eines Zyklus und dem Übergang in eine neue Phase verbunden ist. Indem man den Tod als "Flug nach Westen" bezeichnet, wird suggeriert, dass es sich um eine Reise handelt, die nicht das endgültige Ende bedeutet, sondern einen Übergang zu etwas Neuem oder Unbekanntem markiert. Gibt es uns nicht die Hoffnung, die wir für diesen Flug unbedingt brauchen?

Also ist der letzte Abschied mit dem Blick nach Westen verbunden. So geht wohl die Sonne im Osten auf, eine freudige Ankunft, die aber in dieser Betrachtung sicherlich bedeutungslos ist. Der "Osten" war, vom Sonnenaufgang abgesehen, oft die Quelle des Übels. Die Mongolenhorden überfielen mordend das Land in Richtung Westen. Und für die Portugiesen kommt das Übel auch oft aus dem Osten, nämlich: "Schlechtes Wetter, schlechtes Essen und schlechte Ehen". Die Spanier wissen warum, und halten, vielleicht deshalb, immer noch einen winzig kleinen Teil des ehemaligen portugiesischen Reiches besetzt.

Jetzt muss ich wieder zurück zum Anlass meines Briefes kommen.

Zuerst einmal möchte ich meinen Witwen für all die Liebe, Fürsorge und Unterstützung danken, die sie mir in unserem gemeinsamen Leben, zumindest zu Beginn, und in unterschiedlicher Länge, geschenkt habt. Sie waren nicht nur für kurze oder längere Zeit "meine Frau", sondern auch meine beste Freundin, meine Geliebte und meine treuste Verbündete, zunächst.

Die Jahre, die wir miteinander verbracht haben, waren reich gefüllt mit unvergesslichen Momenten, im positiven wie auch im negativen Sinne. Ich meine damit die Höhen wie auch die Tiefen unserer gemeinsamen Zeit. Eine Zeit der Leidenschaft und der Lustlosigkeit. All diese Momente sind unvergessen. Bei Euch auch? Da bin ich mir nicht sicher.

Wenn ich jetzt auf meine Lebensspanne zurückblicke, erkenne ich, wie viel Glück ich hatte, Euch an meiner Seite gehabt zu haben. Ihr wart (fast) immer da, um mich zu ermutigen, wenn ich unsicher war, und meine Last zu erleichtern, wenn sie zu schwer zu tragen schien. Eure Liebe hat mir die Kraft gegeben, mich den Herausforderungen des Lebens zu stellen, und Eure Weisheit hat mir geholfen, selbst in den dunkelsten Zeiten Licht zu finden. Manchmal endete die Liebe schleichend, manchmal von einer Minute auf die andere.

Ich schreibe diesen Brief, nicht um Abschied zu nehmen, denn unsere Verbindung wird niemals enden, sondern um Euch zu sagen, wie dankbar ich bin, Euch gekannt zu haben. Ich habe von Euch "gelernt". Und diesen Satz dürft ihr dann auch einmal ein bisschen zynisch nehmen. Auch wenn ich mich auf den "Flug nach Westen" vorbereite, weiß ich, dass unsere Seelen für immer miteinander verbunden sein werden, egal wie weit die Entfernung sein mag. Denn unsere jeweilige Beziehung ist ein Teil unseres Lebens, meines und Eures, den man nicht wie einen Tintenfleck löschen kann.

Bitte denkt daran, dass meine Liebe für Euch immer zunächst unermesslich war und dass ich auch über den Tod hinaus an Eure Seite sein, beziehungsweise ein Teil Eurer Biographie bleiben werde. Ich möchte, dass Ihr weitergeht und das Leben in seiner ganzen Fülle umarmt. Findet Trost in den Erinnerungen, die wir geteilt haben, und seid gewiss, dass ich in Eurer Erinnerung, hoffentlich, immer präsent sein werde.

Nun, da der Zeitspanne des Abschieds naht, möchte ich Euch noch einmal sagen, wie sehr ich Euch liebte. Jedoch, jede meiner Witwen zu ihrer Zeit. Möget Ihr Frieden finden in dem Wissen, dass unsere Liebe und Erinnerung unsterblich sein wird und dass meine Gedanken Euch immer begleiten, egal wohin das Leben auch führen mag. Wenn mir denn, und nur dann, der versprochene Platz im Paradies gewährt wird.

Eure jeweiligen Partner kann durchaus der Teufel holen.

Jeder Teil meines Briefes ist nicht an die jeweilige Witwe persönlich gerichtet, sondern an alle Witwen. Ihr sollt jetzt lesen können, wie ich mein gesamtes Leben an Eurer Seite reflektiere, und nicht nur den Lebensabschnitt, denn wir zusammen liebten und lebten. Seit ehrlich zu Euch selbst, denn es hat Euch ja in der Zeit unserem Zusammenleben nicht interessiert.

Herantasten

Es war ein Samstagabend im Februar 1974, eine Zeit, in der Schwabing lebte und atmete. Wir standen an der Theke des "Yellow Submarine", einer Disco, die pulsierte wie das Herz dieser Stadt. Ich, noch nichtsahnend, lachte und scherzte mit Freunden. Dann spürte ich sanfte Stöße, eine leichte Berührung an meiner Schulter, ein Klopfen, das zunächst im Lärm der Bar fast unbemerkt blieb. Doch als ich mich umdrehte, stand sie vor mir: Helena. Ihr Gesicht, umrahmt von einem leichten Lächeln, ihre Augen, die mich fixierten, ihre Lippen, rot und einladend, formten eine leise Bitte: "Kannst du mir bitte eine Cola bestellen?"

In diesem Moment wusste ich es nicht, aber sie würde die erste Frau werden, die mein Herz berührte, oder zumindest glaubte ich das. Ob sie es je ahnte? Vielleicht nicht. Doch in jenen Wochen und Monaten, die folgten, trafen wir uns immer wieder in den Diskotheken und Cafés in München, und mit jedem Treffen schien etwas zwischen uns zu wachsen: eine Liebe, die zwar jung und schüchtern war, aber dafür umso ehrlicher und voller Träume. Wir teilten Gedanken, Wünsche, Hoffnungen, und in unserer jugendlichen Unschuld schienen wir zu glauben, das Leben läge wie eine Landkarte offen vor uns.

Doch die Fügung führte uns bald auf verschiedene Wege, und die Liebe, die ich vielleicht mehr für mich allein hegte, verblasste schließlich. Es war kein Abschied, eher ein leises Auseinanderdriften, wie zwei Boote, die im Nebel verschwinden. Jahrzehnte später hörte ich wieder von Helena, oder besser gesagt, ich fand die Todesanzeige ihrer Eltern. Da war sie wieder, Helena als flüchtige Erinnerung, nicht sie selbst, aber das Echo unserer Gespräche, unseres stillen Tanzes. Jedes Mal, wenn "Piccola e fragile" von Drupi im Radio spielt, ist sie wieder bei mir, Helena und unser Tanz in der Disco an der Salzburger Autobahn. Wir bewegten uns kaum, hielten einander nur leicht, wie zwei, die noch nicht sicher sind, wie sie ihre Nähe ausdrücken sollen. Es war ein "Schieber" der besonderen Art, ohne viele Schritte, doch voller Bedeutung.

Interessant war, dass ihre Mutter mich damals mehr zu schätzen schien als Helena selbst. Ihre Familie, Gardasee-Liebhaber durch und durch, hatten große Erwartungen an den Mann, der eines Tages an Helenas Seite stehen würde. Ein eigenes Boot auf dem Gardasee sollte er besitzen. Helena war selbstbewusst, und sie wusste genau, was sie nicht wollte: "Du kannst alles im Leben werden", sagte sie mir einmal mit einem ernsten Blick, "aber nie ein Beamter". In ihren jungen Jahren mit 17 Jahren, sprach sie von einem Lebensgefühl, einer Abneigung gegen starre Typen, die sie in den Beamtenberufen sah. Ob sie letztlich jemanden fand, der diese Ansprüche erfüllte, blieb mir verborgen.

Und doch bleibt diese Erinnerung an Helena lebendig. Ihr Lächeln, ihr Leuchten, der leichte Tanz in den Münchner Discos der 70er Jahre, die Gespräche und Träume, die sie mit mir teilte, all das blieb ein Teil von mir. Nicht sie selbst fehlt mir, sondern die Sehnsucht nach dieser Zeit, nach der Unbeschwertheit, die wir teilten, als die Welt noch einfach war und unsere Liebe jung.

Hafen der Ehe

*«Wir kennen uns nie ganz, und über Nacht sind
wir andere geworden, besser oder schlechter.»*
Theodor Fontane

Bettina, die zweite Frau, die mein Herz
eroberte und die ich aufrichtig liebte, begegnete
mir nur wenige Straßen entfernt von jener Stelle,
wo ich Helena traf, wiederum in München-
Schwabing. Doch diesmal war es anders, tiefer,
und unausweichlich. Diese Frau wurde meine
Ehefrau und die Mutter meiner Söhne, eine Liebe,
die die Jahre überdauerte und sich verwebte mit
Lachen und Tränen, mit Höhen und Tiefen, die
wir gemeinsam durchlebten.

Das erste Mal trafen sich unsere Blicke auf der
Tanzfläche. Bettina, anmutig und voller Leben,
drehte sich im Takt des Diskofox mit ihrer Freundin. Es war ein Samstagabend, und ich war allein
in München unterwegs, auf der Suche nach Zer-
streuung, fort von der Enge und den Diskus-
sionen in meinem Elternhaus. Doch an diesem
Abend fand ich viel mehr als nur Vergnügen, ich
fand Bettina. Wir tanzten, und weil meine Erinnerung verblasst, könnte ich heute nicht mehr sicher
sagen, ob ich sie damals nach Hause begleitete.

Doch es muss schnell ein Wiedersehen gegeben haben, denn nur vier Wochen später waren wir gemeinsam unterwegs, verbrachten ein Wochenende am Großen Arber, umgeben von den stillen Wäldern des Bayerischen Waldes. Bettinas Mutter, voller Fürsorge und nur wenig misstrauisch, mahnte sie, ein Nachthemd mitzunehmen, "damit sie abends etwas zum Ausziehen hat". Bettina, gerade einmal 17 Jahre, 8 Monate und 21 Tage jung, Jungfrau - als Sternzeichen! Unsere Liebe war frisch, unschuldig und voller ungestümer Freude.

Von diesem Moment an gehörten die Wochenenden uns. Mein Mitbewohner musste manches Mal geduldig in der Eckkneipe verweilen, bis er die Rückkehr in unser gemeinsames Apartment wagen durfte. Unsere Liebe war intensiv und fest, jung und doch stark, und so blieben wir einander treu in allem, was uns begegnete. Drei Monate nach unserem ersten Tanz hielt ich es nicht länger aus und kaufte ihr einen Verlobungsring. Weißgold, mit einem halben Karat Diamanten. Stolz funkelte er an ihrer Hand, und ihre Freude war grenzenlos. In unserer Ehe, über all die Jahre hinweg, trug Bettina ihn jeden Tag mit Stolz. Vielleicht trägt sie ihn noch heute, obwohl sie jetzt an der Seite eines anderen Mannes steht, eines

Mannes, den ich mir trutschig vorstelle, doch so ist das Leben. C'est la vie!

Ich erinnere mich: Nach nur drei Monaten als Verlobte zwang uns mein Beruf in eine schmerzhafte Distanz von 6000 Kilometern, die 13 lange Monate andauern sollte. Der Gedanke an sie, die Sehnsucht nach ihrer Nähe, ließ mich sogar auf eine bedeutende berufliche Chance verzichten, nur um die Zeit der Trennung zu verkürzen. Als ich schließlich zurückkehrte, zogen wir in eine eigene Wohnung und lebten unser junges, glückliches Leben. Unsere Tage waren erfüllt von der Arbeit, die sich leicht anfühlte, unsere Abende von der Freude, die wir teilten, unsere Nächte von Leidenschaft. Es war Dolce Vita pur.

Und dann kam das Jahr 1977, jener Sommer, der sich anfühlte, als sei die Luft selbst in goldenes Licht getaucht. Im postgelben Triumph TR-6, der unter meinen Händen zum Leben erwachte, war sie bereit, mit mir die endlosen Straßen Bayerns zu erobern. Neben mir saß sie, meine große Liebe, die inzwischen fast 19 Jahre jung war und sich anfühlte wie der Inbegriff des Sommers. Sie lehnte sich entspannt zurück, das Haar im Wind, die Sonne im Gesicht, jeder Tag schien für immer zu dauern, erfüllt vom Versprechen eines Sommers, der nach Freiheit schmeckte.

Auf der Landstraße zum Ammersee war mein Triumph TR-6 nicht bloß ein Auto, er war ein Versprechen, ein Bekenntnis zur Freiheit. Mit jedem Druck aufs Gaspedal schien sich das Wochenende auf seinen Höhepunkt zu treiben. Der raue Klang des Motors füllte die Sommerluft und verstärkte das Gefühl, dass ein guter Tag noch besser werden könnte. Am Abend, in der Nacht.

Langsam glitten die bayerischen Dörfer vorbei, mit ihren rustikalen Holzbalkonen und bunt bemalten Fassaden, während wir beide uns wie stille Begleiter dieser Landschaft fühlten, eingebettet in das sanfte Panorama der Seen und Wiesen. Die Straße gehörte uns, und es gab kaum ein schöneres Gefühl, als die Welt am Rande unseres Sichtfelds sanft verschwimmen zu sehen.

Nach dem Triumph kam der Ford-Escort-Rally 2000, in Schwarz und mit goldenen Streifen, die Geschwindigkeit zu suggerieren schienen, noch bevor ich das Gas durchdrückte. Der Wagen schien eine rebellische Energie zu besitzen, wie ein ungezähmter Gruß an die alten Traditionen der bayerischen Sonntage. Und dennoch, auf eine paradoxe Weise, gehörte er genau in dieses Bild. Mit dem Escort zog es uns oft an den Chiemsee, der vor uns lag wie ein riesiger, funkelnder Spiegel, als könnte er all die Erinnerungen und Träume, die in uns lebten, widerspiegeln. Die

glitzernde Wasseroberfläche schien die Sonnenstrahlen aufzusaugen, und in jedem Blick auf das
Wasser fanden wir einen Hauch von Unendlich-
keit.

Diese Zeit war von einem besonderen Zauber
erfüllt, einer Zeit, in der Autos Charakter hatten
und jede Fahrt zum Abenteuer wurde. Jeder
Sonntag ein kleines Versprechen an die Freiheit,
das wir mit unseren Ausflügen zu Seen wie dem
Ammersee oder Starnberger See erneuerten. Die
Seen empfingen uns wie alte Freunde, mit sanften
Wellen und stillen Uferbänken, die wie ein
Widerschein unserer Unbeschwertheit wirkten.
Die Pausen am Wasser waren Momente der
Leichtigkeit, in denen wir über alles sprachen,
was uns in den Sinn kam. Die Sehnsucht nach der
weiten Welt, nach einem Leben voller Möglich-
keiten, das sich jenseits dieser wenigen Stunden
am See erstrecken würde. Manchmal lehnte Bettina sich auf den Zehenspitzen gegen das Auto-
dach, den Blick über den Chiemsee gewandt, als
könnte das Wasser ihr all die Visionen eröffnen,
die in der Luft lagen.

Damals konnte man sich noch frei fühlen, ohne
das heutige Gewicht von Protesten und Blo-
ckaden, ohne die Aktivistinnen, die Straßen blo-
ckierten, um auf die Veränderung des Klimas hin-

zuweisen. Es war eine andere Zeit, in der der Sportwagen auf der Landstraße noch der Inbegriff einer Lebensfreude war.

Unser Umzug an die Nordsee war der nächste Schritt, das Versprechen einer gemeinsamen Zukunft. Hier, am Rand der Wellen und des Windes, begann Bettina unser neues Heim zu gestalten. Sie richtete unsere Wohnung mit Bedacht und Liebe ein, schuf eine Oase des Wohlfühlens und eine Heimat für uns beide. Doch beruflich geriet Bettina bald ins Abseits, ihre Bewerbungen verliefen erfolglos, und die anfängliche Freude an unserer neuen Umgebung verwandelte sich langsam in Frustration. Um nicht untätig zu bleiben, nahm sie schließlich eine Arbeitsbeschaffungsmaßnahme in einem Amt an, eine Form von Schreibtischarbeit, die ihr so fremd vorkam, als hätte man sie gebeten, in den Alpen Bergführerin zu werden. Und doch hielt sie tapfer durch, für volle sechs Monate, auch wenn jede Zeile, jeder Stempel ihr ein Stück von ihrem inneren Glanz nahm.

Diese berufliche Leere nagte an ihr, schlich sich ein wie der kalte Wind an der Nordsee und ließ erste Spannungen zwischen uns entstehen, keine Krisen, nur ein sanftes Knirschen in der Harmonie, das wir beide spürten. Bettina konnte sich nicht in meinem Beruf wiederfinden, und die eigene Unzufriedenheit drückte schwer auf ihrer Seele.

Und dann kam dieser Winter 1978/79, der Schleswig-Holstein in eine stille, fast surreale Welt tauchte. Als ob ein endloses Schweigen über dem Land lag, fiel der Schnee unaufhörlich, und der Wind türmte meterhohe Wehen auf. Die Nordsee, sonst so lebendig, schien unter einer eisigen Decke stillgelegt. Auf den Straßen war kein privates Auto zu sehen, nur Militärfahrzeuge, deren Schneeketten tiefe Spuren im Schnee hinterließen. Auch ich stapfte mit einem Rucksack über den einsamen Weg in die Stadt. Unsere Schritte waren das einzige Geräusch in der weißen, endlosen Landschaft, und es fühlte sich an, als wären wir alle in einer anderen Zeit gelandet.

Die Läden hatten geöffnet, aber die Regale leerten sich schnell. Menschen eilten durch die Eiseskälte, die Augen voller stiller Entschlossenheit, und trotzdem ein bisschen verloren in dieser Situation. Ich sah, wie sie nach dem Notwendigsten suchten, Brot, ein paar Konserven, Dinge, die uns sonst so selbstverständlich schienen. Irgendwie brachte dieser Mangel eine ungewohnte Nähe mit sich, fast als würde uns alle ein unsichtbares Band zusammenhalten.

Es waren schwere Tage, die uns zu Fuß zur Arbeit führten, frühmorgens, wenn der Atem wie Rauch in die Dunkelheit stieg und der eisige Wind einem das Gesicht gefrieren ließ. Alles schien so weit entfernt von dem Alltag, den wir gewohnt waren. Die Natur hatte das letzte Wort, und jeder Schritt durch den Schnee fühlte sich an wie ein kleiner Triumph über diese übermächtige Kälte.

Inmitten dieser unwirklichen Stille, die alles Leben um uns herum einzuschließen schien, kam auch zwischen Bettina und mir eine Leere auf, wie der frostige Wind, der durch die Straßen peitschte. Wir waren gezwungen, mehr Zeit mit uns selbst und miteinander zu verbringen, und so kam es, dass manche Dinge deutlicher zutage traten, die sonst im Trubel untergegangen wären. Am Ende des Tages fiel nicht nur draußen der Schnee, auch auf unsere Beziehung legte sich ein stilles, kühles Schweigen.

Es war an einem dieser Freitagabende, nach einer Woche, die mir endlos schien, als Bettina mir eröffnete:

"Ich habe meine Entscheidung getroffen, ich gehe nach München zurück."

Ich saß da, sprachlos und erschüttert, während sie mit einer Entschlossenheit sprach, die mir plötzlich fremd erschien. Meine Versuche, sie zum Bleiben zu bewegen, schienen wie Worte in den Schnee gesprochen, sie blieben nicht hängen.

"Meine Entscheidung steht fest",

wiederholte sie, und fügte hinzu, dass ich ihr die Investition in "die Wohnung" – nicht "unsere Wohnung" zurückzahlen solle.

Es war ein seltsamer Moment, als wäre eine unsichtbare Wand zwischen uns entstanden.

Am Samstagmorgen legte sie mir einen vorbereiteten Schuldschein hin, und ich spürte, dass Worte in diesem Moment bedeutungslos waren. Ich unterschrieb, ohne wirklich zu verstehen, wie schnell sich alles veränderte. Am Sonntag füllte ich den geforderten Betrag als Scheck aus, eine formelle Geste des Abschieds, wie ein Schlussstrich unter ein Kapitel. Sie nahm den Scheck mit der gleichen Ruhe, mit der sie mir auch den Schuldschein präsentiert hatte.

Auf dem Papier bestätigte sie, dass sie nach Erhalt des Schecks keine Forderungen mehr stellen würde, ein Satz, so kühl wie die Winterluft, die draußen durch die Straßen wehte.

Bereits am Montag war sie fort. Sie ließ die Nordsee und unser gemeinsames Leben hinter sich, nach nur 381 Tagen. In all dieser Zeit hätte ich die Alarmglocken hören müssen, hätte die

Signale erkennen sollen, die Bettinas wahres Bedürfnis nach Sicherheit und Unabhängigkeit ankündigten. Doch ich tat es nicht. Ich wollte sie zurück, wollte die Zeit zurückdrehen.

Wochen später fuhr ich nach München, nur um sie zu treffen und uns eine neue Chance zu geben. In einem Bistro, nicht weit von der Disko entfernt, in der wir uns einst kennenlernten, schaute ich in ihr vertrautes Gesicht und versprach, dass wir schnellstmöglich heiraten würden. Ihr Lächeln in diesem Moment war ein Licht in der Dunkelheit dieser eisigen, unsicheren Zeit.

Neununddreißig Tage waren vergangen, seit sie unsere vertrauten Räume verlassen hatte, aber als wir dort saßen, schien die Zeit stillzustehen. Der Abschied war nie endgültig gewesen – er hatte nur einen Anfang, und in diesem Gespräch begann unsere gemeinsame Zukunft ein zweites Mal.

Das Leben hat oft seine eigene Art, sich durch unerwartete Wendungen bemerkbar zu machen. Es war kaum zu glauben, dass nur wenige Wochen nach Bettinas Auszug, als wir uns scheinbar endgültig voneinander distanziert hatten, ich plötzlich wieder an ihrer Seite war. In einer Mischung aus Unbehagen und Aufregung trafen wir die Entscheidung, die Zeit der Trennung zu überwinden und den gemeinsamen Schritt in die Zukunft zu wagen. Während dieser Wochen des Nachdenkens und Abwägens, zwischen Abschied und Neubeginn, wuchsen die Gedanken in uns beiden zu einer klaren Erkenntnis heran: Trotz aller Zweifel und Unsicherheiten wollten wir gemeinsam weitergehen.

Nur drei Monate nach ihrem Auszug heirateten wir. Die Zeremonie selbst war ein ruhiger Moment, fernab von Pomp und Trubel, doch sie trug die Spannung und Hoffnung eines Neuanfangs in sich. Es war ein intimer, stiller Akt, getragen vom Wissen, dass wir uns auf eine Zukunft eingelassen hatten, die wir gemeinsam gestalten wollten. Mit diesem Schritt trat Bettina in ein neues Leben, ein Leben, das die Stabilität und Sicherheit bot, nach der sie sich offenbar lange gesehnt hatte.

Diese Sicherheit brachte die Freiheit, sich in einem Alltag einzurichten, ohne ständig an berufliche Sorgen denken zu müssen. Die nächsten neunundzwanzig Jahre verliefen für sie in einem Leben voller Beständigkeit und Komfort. Ich nahm meine Rolle als Versorger ernst, sorgte dafür, dass sie keine Hindernisse auf ihrem Weg erwarteten. So entstand stillschweigend ein Arrangement, das sich alsbald zur Normalität entwickelte. Bettina konnte sich stets auf die

Sicherheit verlassen, die ich ihr bot, und ich übernahm die Verantwortung, die mit diesem Versprechen einherging. Die Jahre vergingen und unsere Routine entwickelte eine Stabilität, die uns beide trug. Ein stummes Einverständnis wurde zum Rhythmus unseres Lebens, fast wie der natürliche Wechsel der Jahreszeiten.

Doch im Rückblick erkenne ich, dass diese drei Monate der Entscheidung, diese unscheinbare Zeitspanne zwischen Abschied und Rückkehr, eine weit größere Bedeutung für unser gemeinsames Leben hatte, als ich damals ahnte. In diesen Momenten wurde mir klar, dass unsere Beziehung auf einem Versprechen basierte, ein Versprechen, das ich nicht nur für einen Augenblick, sondern für eine lange Zeit einging. Mit der Zeit wurde dieses Versprechen zu einem Fundament, auf das ich unsere gemeinsame Zukunft baute.

Die Geburt unseres ersten Sohnes folgte bald nach unserer Eheschließung, und mit ihm begann eine neue Phase des Lebens. Die Jahre zogen ins Land, erfüllt von meiner Arbeit, gemeinsamen Wochenenden und unvergesslichen Urlauben. Schließlich führte uns mein Beruf in den Süden Europas, wo wir die Freiheit fanden, das Leben in vollen Zügen zu genießen. Freitags packten wir, und das Wochenende verbrachten wir an verschiedenen Stränden. Diese Zeit im Ausland war geprägt von Freisein und Abenteuer, ein Leben voller Leichtigkeit, die nur durch meine Arbeitsverpflichtungen unterbrochen wurde.

Nach vier intensiven Jahren war es Zeit, nach Deutschland zurückzukehren, ein seltsames Gefühl, als wir die gewohnten Eindrücke und Abenteuer des Auslandslebens hinter uns ließen. Doch mit der Rückkehr kam auch der Wunsch, unsere Familie zu erweitern, und so begann ein weiteres Kapitel in unserem Leben. "Unsere zweite Schwangerschaft" war erfüllt von Vorfreude und einer besonderen Ruhe. Jeder Schritt fühlte sich bedeutsam an, jedes Detail wurde gefeiert.

Als unser zweiter Sohn geboren wurde, erfüllte uns ein Gefühl von tiefer Verbundenheit und bedingungsloser Freude. In dem Moment, in dem ich ihn zum ersten Mal in den Armen hielt, empfand ich diese übermächtige Mischung aus Stolz und Dankbarkeit, ein neues Leben in unserer Familie willkommen zu heißen, genau wie bei unserem ersten Sohn. In diesen Augenblicken fühlte ich die Verantwortung und die Liebe, die mich als Vater tief prägten.

Einige Tage später stand ich auf dem Standesamt in München-Pasing und ließ den Namen unseres Kindes offiziell eintragen. Es war ein

Moment voller Stolz, als ich erkannte, dass unsere Familie vollständig war. Ein Haus kam noch hinzu, und Bettina konnte schließlich voller Stolz sagen:

"Ich habe alles erreicht, was ich wollte: zwei Kinder, ein Haus, um das man herumgehen kann, und einen Mann, der ausreichend für uns alle verdient!"

Die Alarmglocken, die mich bereits drei Monate vor unserer Hochzeit erreicht hatten, hatte ich ignoriert, erst jetzt, nach diesem Satz, verstand ich die Bedeutung dieser Worte.

In den folgenden Jahren schien meine Rolle klar und unabdingbar: Ich war der Versorger, der das finanzielle Fundament bereitstellte, auf dem unsere Familie aufbauen konnte. Doch wie ein schleichender Schatten legte sich eine Müdigkeit über das Licht unserer frühen Liebe. Die Leidenschaft, die uns einst durch den Alltag trug, verwandelte sich in eine routinierte Gewohnheit, die uns zwar zunächst vertraut vorkam, aber mit der Zeit zu einer Last wurde.

Allmählich färbte sich unser Alltag in gedeckte Grautöne. Unsere einst lebendige Beziehung verkam zur Pflichterfüllung. Die Freude, die uns einst so leicht durch den Alltag begleitet hatte, wich einer zunehmenden Lustlosigkeit, die sich wie ein schwerer Schleier über jeden Moment legte. Unmerklich schlich sich Frustration ein, in den stillen Stunden der Nacht besonders spürbar. Worte wurden kürzer, Gesten weniger herzlich.

Es war eine schleichende Resignation, die sich in unseren Alltag schlich. Unser Alltag sah bald so aus, dass wir uns schweigend am Küchentisch begegneten, in der Luft nur der Geruch des Kaffees und die spürbare Distanz. Ich sah es Bettina an, wie sie sich in ihrem Tagesablauf verlor, zwischen Hausarbeit und der Betreuung unserer Kinder, später auch noch fremder Kinder, die sie betreute, um dem eigenen Tag einen Sinn zu geben. Manchmal bewunderte ich ihre Hingabe, aber ich spürte auch den Schmerz, den ich empfand, sie dabei zu sehen, wie wir unsere Gemeinsamkeiten immer mehr verloren.

Ich erinnerte mich daran, wie es einst war, als ihre Gegenwart noch Erfüllung war, ihre Worte Leben in unser Zuhause brachten. Doch nun schienen wir auf ein Minimum reduziert, unser gesamtes Leben den Anforderungen des Familienalltags untergeordnet. Versuche, ihr nahezukommen, blieben oft erfolglos; Bettina schien in einer eigenen Welt gefangen, abwesend und unerreichbar. Mit jeder Ablehnung wuchs das Gefühl der Hilflosigkeit, während ich versuchte, die Frau zu erreichen, die ich einst geliebt hatte.

Irgendwann kam der Punkt, an dem ich für mich beschloss, dass ich diesen Zustand nicht ewig ertragen wollte. In einem Moment der Klarheit teilte ich Bettina mit, dass ich am ersten Montag nach der letzten Abiturprüfung unseres jüngeren Sohnes die Scheidung einreichen werde. Noch lagen neun Jahre vor uns, die ich zum Wohl unserer Kinder aushalten wollte. Bettinas knappe Antwort war ein Entmutigendes:

"Kannst du machen, und dafür bezahlen."

Drei Jahre später kommentierte sie meine Absicht mit einem "Hunde, die bellen, beißen nicht." Es war ja drei lange Jahre nichts passiert.

Schließlich reichte ich die Scheidung nicht wie geplant neun Jahre später ein, sondern bereits nach sieben Jahren.

Es gibt diese Momente im Leben, die wie ein Blitz aus heiterem Himmel kommen und das gesamte Gerüst, das man jahrelang mühsam aufgebaut hat, mit einem Schlag in Frage stellen. Für mich kam dieser Moment, als Bettina mich kurz vor einer längeren Abreise bat, ihr E-Mail-Konto auch auf dem Computer unseres Sohnes im 1. Stock einzurichten. Ein harmloser Gefallen, dachte ich. Unser Sohn befand sich zu diesem Zeitpunkt in den USA und der Gedanke, Bettina in irgendeiner Weise misstrauen zu müssen, kam mir bis zu diesem Tag nicht einmal ansatzweise in

den Sinn. Also fügte ich den Account hinzu, richtete alles ein, testete noch einmal schnell, ob die
E-Mails korrekt geladen wurden, und genau in
diesem Augenblick, es war nur ein rascher Klick,
öffnete sich die Nachricht, die wie ein Schlag ins
Gesicht wirkte.

Die Betreffzeile allein genügte:

"An die liebste Bettina".

Der Absender? Eine Dating-Plattform. Mein
Herz setzte für einen Moment aus, und ich fühlte
ein unangenehmes Ziehen in der Magengegend.
Noch bevor ich es wirklich verstand, leitete ich
die Nachricht an mein eigenes E-Mail-Konto
weiter und löschte diese E-Mail sofort aus ihrem
Posteingang. Blitzschnell, sodass Bettina niemals
erfahren sollte, dass ich dieses Geheimnis ent-
deckt hatte.

Dieser Zufall, eine unabsichtliche Enthüllung,
öffnete mir plötzlich ein Fenster in eine Welt, von
der ich bis dahin keine Ahnung hatte. "Tiffany" –
so lautete ihr Pseudonym auf dieser Plattform. Ich
war fassungslos. Sie, meine Ehefrau, eine Person,
mit der ich Jahrzehnte meines Lebens geteilt
hatte, führte offenbar ein heimliches Leben, das
mir verborgen geblieben war. An meinem Ein-
satzort, wenn meine Arbeit getan war und die
Nacht mir die Ruhe bot, loggte ich mich ein und
las die Nachrichten, die sie mit einem "eifrigen

Bewerber" austauschte. Es fühlte sich an, als würde ich das Tagebuch einer Fremden lesen, und doch stand der Name meiner Ehefrau darunter. Es war ein befremdliches Gefühl, das aus einer Mischung von verletztem Stolz, grenzenloser Enttäuschung und einem bitteren Geschmack im Mund bestand, der einfach nicht vergehen wollte.

Die Monate vergingen und meine Zeit in Asien forderte mich. Dort, fernab von allem Vertrauten, fand ich seltsamerweise eine gewisse Distanz zu meinen eigenen Gefühlen. Die Landschaften, die fremde Kultur, die Gerüche und Klänge, sie gaben mir etwas Ruhe, die mich innerlich stützte. Doch der Schmerz blieb, wie ein leiser, immer präsenter Schatten, der mich begleitete, egal wohin ich ging. Die Gedanken an das, was zu Hause vor sich ging, waren wie eine Wunde, die nicht heilen wollte.

Zurück in Deutschland hielt ich an meinem Plan fest. Die Jahre vergingen und schließlich kam der Tag der Scheidungsverhandlung. Der Gerichtssaal war kalt und sachlich, fast klinisch, und Bettina stand dort, als ob nichts geschehen wäre, als ob wir beide lediglich eine Formalität klären müssten. Die Richterin, eine sachliche, etwas nüchterne Frau mittleren Alters, stellte ihre

Fragen. Und dann fragte sie Bettina unvermittelt: "Frau L., haben Sie eine neue Beziehung?"

Bettina, ganz in ihrem Element, verneinte rasch und überzeugend. Die Vorstellung, dass unsere Ehe offiziell und endgültig beendet sein könnte, kam ihr nicht gelegen. Schließlich bedeutete eine formelle Trennung auch das Ende der finanziellen Sicherheit, die sie gewohnt war.

Aber ich war vorbereitet. Ohne ein Wort zu verlieren, zog ich einen Ausdruck aus meiner Tasche, die Kopie ihres Dating-Profils, und legte die Kopie ruhig auf den Tisch.

"Liebste Bettina", stand da, eine Anrede, die mir so fremd geworden war. Es war wie ein finaler Akt, ein symbolischer Moment, der nicht nur die Wahrheit ans Licht brachte, sondern auch eine unmissverständliche Grenze zog. Meine Anwältin, die den Moment sofort erkannte, flüsterte mir zu:

"Bleiben Sie ganz ruhig, gerade hat sie verloren."

Die Richterin fügte noch an meine "noch Ehefrau" und ihre Anwältin hinzu:

"Sie sollten vielleicht auch ein wenig taktvoller sein, wo ihr Mann gerade eine Prostatakrebserkrankung überstanden hat."

Und tatsächlich, ab diesem Moment veränderte sich alles. Ich fühlte, wie eine gewisse Last von mir abfiel, eine Last, die ich jahrelang mit mir herumgeschleppt hatte. Der Schmerz war nicht verflogen, aber es war, als ob er sich in etwas Härteres, Beständigeres verwandelt hätte. Ich fühlte mich, als würde ich auf einer schmalen Brücke stehen, die ins Ungewisse führte, aber zumindest war ich jetzt bereit, sie zu betreten.

Ein Jahr später, an einem späten Abend, lag ich in der Badewanne. Ein Glas Rotwein stand neben mir, und leise Musik erfüllte den Raum, ein Moment der Ruhe, den ich lange vermisst hatte. Dann klingelte das Telefon. Etwas widerwillig nahm ich das Gespräch an, und am anderen Ende der Leitung meldete sich ein Herr P. Seine Stimme war lallend, der Alkohol machte ihn mutig, und er begann zu erzählen. Offenbar war er Bettinas Affäre während meiner Abwesenheit gewesen. Mit leicht höhnischer Stimme schilderte er, wie er sich in meinem Auto niedergelassen und mein Haus betreten hatte. All das erzählte er mir, wohl in dem Glauben, dass seine Worte mich treffen könnten. Aber sie taten es nicht. Es war, als ob ich einen Film über das Leben eines anderen ansah. Ich nahm einen Schluck Wein und lauschte der Musik, die den Raum erfüllte. Ein Moment der Ruhe, ein seltsames Gefühl der Distanz, das mir half, die Bedeutung seiner Worte einfach loszulassen.

Einige Wochen später erfuhr ich durch meine Ex-Schwiegermutter, dass Bettina nun eine angebliche Affäre mit ihrem Schwager hätte. Der Mann ihrer frühverstorbenen Schwester, ein weiterer vermeintlicher Hieb, der jedoch keine Wirkung mehr auf mich hatte. Den ich auch nicht ernst nahm. Das alles war Teil einer Geschichte, die ich bereits abgeschlossen hatte, und nichts, was sie tun konnte, würde das je ändern. Es berührte mich nicht mehr; ich war zu weit entfernt, zu sehr in meiner eigenen Welt.

Dann kam der letzte Moment, der symbolische Abschied. Wir standen vor der Aufzugstür, die Scheidung war ausgesprochen, die Formalitäten abgeschlossen. Bettina blickte mich an und sagte, voller Spott:

"Jetzt ist der Reiter von seinem Ross gefallen!" Ihre Worte prallten an mir ab wie Wassertropfen an einem Stein. Ich drehte mich um, ließ die Tür des Aufzugs hinter mir und nahm die Treppe, wie die Kapitel eines Buches, das ich längst beendet hatte.

An diesem Tag, in dieser Stadt, kaufte ich mir zur Feier den teuersten Kakao im Delikatessenladen und genoss ihn mit dem vollen Bewusstsein, dass ich nun wieder frei war, dass mein Leben, trotz der Narben, trotz der Wunden, einen neuen Anfang gefunden hatte. 15 Jahre später erreichte mich ein Schreiben von meiner Pensionsstelle. Mehr als eintausend Euros von meiner Pension würden ab sofort monatlich an Bettina überwiesen werden, als Anerkennung für 29 gemeinsame Ehejahre. Ich schmunzelte, faltete den Brief sorgfältig zusammen und legte ihn beiseite. Es war nur Papier, eine Erinnerung an ein Leben, das längst vergangen war, wie eine ferne Melodie, die verstummt war und deren Echo allmählich verblasste.

Landung am Nicola Tesla Flughafen

Diese Zeilen kann Snežana leider nicht mehr persönlich lesen. Ich habe jedoch das Herzensbedürfnis, unsere Beziehung, auch wenn uns das Schicksal nur eine sehr kurze Zeit zustand, niemals zu vergessen. Wir wünschten uns doch so sehr ewige Liebe, wir dürsteten beide danach.

Die Ankunft am Flughafen Nikola Tesla in Belgrad war für mich von Aufregung und Nervosität geprägt. Nach wenigen Wochen des Schreibens und Telefonierens war es endlich so weit, mein erstes Treffen mit Snežana, der Frau, die mein Herz virtuell im Sturm erobert hatte. Als ich aus dem Flugzeug stieg und durch den Flughafen eilte, spürte ich die Schmetterlinge in meinem Bauch flattern, begleitet von der unbestimmten Vorfreude auf das, was vor mir lag.

Und dann sah ich sie: Snežana stand mitten in der Ankunftshalle, strahlend und atemberaubend schön. Ihr Lächeln war wie ein Sonnenstrahl in der sonst so betriebsamen Umgebung eines Flughafens, und ich konnte kaum glauben, dass ich endlich hier war, in ihrer Nähe, bereit, dieses ersehnte erste Date zu erleben.

Als ich auf sie zulief, spürte ich, wie mein Herz schneller schlug, und ein Gefühl der

Erleichterung mich durchströmte, als sie mich mit offenen Armen empfing. Ihre Umarmung war warm und einladend, und für einen Moment vergaß ich die Welt um mich herum, verloren in diesem Augenblick der Nähe und Verbundenheit und dem Blick in ihre dunklen, braunen Augen.

Wir hatten uns auf einer Datingplattform getroffen. Es war Snežana, die mich angeschrieben hatte, ich war zu diesem Zeitpunkt nur kostenlos angemeldet und konnte deshalb nicht sofort antworten. Schnell buchte ich einen Zeitraum von 4 Wochen, bezahlte per VISA und schon war meine Antwort nach Belgrad unterwegs. Drei, höchstens vier Wochen schrieben wir uns die üblichen Kennenlernsätze, aber zwischen den Zeilen schwang deutlich mehr mit, ein persönlicher Stil, der unsere beiden Seelen ansprach.

Da erreichte mich eine Nachricht von Snežana: "Rainer, are You coming to visit me soon in Belgrade?"
"Yes, I will",

war meine Antwort und ich buchte am gleichen Tag einen Flug von Köln/Bonn nach Belgrad.

Als ich Snezana am Flughafen Belgrad sah, schien die Welt, um uns herum, für einen Augenblick stillzustehen. Dort stand sie, inmitten eines fast leeren Terminals, nur Snežana alleine, vermutlich sah ich die anderen Menschen nicht. Mit offenen Armen und einem Ausdruck, der alles um sie herum verblassen ließ. Ihre roten Lippen schimmerten im hellen Licht des Terminals und verliehen ihrem strahlenden Lächeln eine beinahe überirdische Wärme. Ihr Haar, pechschwarz wie die Nacht, berührten in sanften Wellen ihre Schultern und betonte das Leuchten in ihren Augen, ein Glanz, der so voller Freude und Erwartung war, dass ich spürte, wie mein Herz schneller schlug.

Die wenigen Schritte, die uns noch trennten, schienen sich zu dehnen und zu verkürzen zugleich, es war, als würde jeder Schritt mich nicht nur ihr, sondern auch all den gemeinsamen Erwartungen, den Gedanken aus unseren E-Mails und all den ungesagten Worten näherbringen, die wir in uns trugen. Als ich endlich vor ihr stand und ihre Hände in meine nahm, schien die Welt wieder zu atmen, und doch waren es nur wir beide, die zählten.

Mit einem leichten Lächeln und einem Hauch von Abenteuerlust in ihren Augen sagte sie leise: "Here You are, finally!"

Dieser Satz, so schlicht und doch voller Bedeutung, durchdrang die Distanz, die das Leben in den wenigen Wochen zuvor zwischen uns gelegt hatte. Die Umarmung, die folgte, war nicht einfach nur eine Begrüßung, sie war ein Gelübde, eine Bestätigung dessen, was unausgesprochen zwischen uns lag.

Wir verließen das Flughafenareal, und es war, als würde Belgrad uns mit offenen Armen empfangen. Die Stadt, mit ihrem rauen Charme und doch unverkennbar lebendig, bot ein Szenario, das mich sowohl faszinierte als auch in seinen Bann zog. Neben Snežana, die mit einem ansteckenden Lächeln an meiner Seite schritt, war jeder Schritt ein neuer, intensiver Augenblick. Sie schien förmlich in ihrer Heimatstadt aufzugehen, als wäre Belgrad eine Erweiterung ihrer selbst.

Während wir durch die engen, verwinkelten Straßen streiften, erzählte sie mir von ihrer Kindheit und von ihrem Sohn, der gerade weit weg in den USA weilte, ihr Lächeln jedoch verriet, dass ihr Herz in jedem Wort, das sie sprach, nach ihm rief. Zwischen unseren Schritten blühte sie auf, sprach über ihre Träume, ihre Pläne und ihre Hoffnung, mit einer Leidenschaft, die die Luft um uns elektrisch auflud. Es fühlte sich beinahe an, als ob diese Straßen, die um uns pulsierende Menge, und das altehrwürdige Belgrad selbst, nur der Hintergrund für diesen Moment waren, für das, was gerade zwischen uns geschah.

In einem kleinen, versteckten Café, wo das sanfte Murmeln der serbischen Sprache wie

Musik an unser Ohr drang, nahmen wir Platz. Es war einer dieser Orte, in denen man sich sofort zu Hause fühlt, wo fremde Gesichter mit einem vertrauten Lächeln grüßen und die Wände Geschichten in ihrer Stille bergen. Snežana und ich lachten und erzählten uns Dinge, die vielleicht noch nie jemandem anvertraut worden waren, als wären wir Seelenverwandte, die sich nach Jahren des Suchens endlich gefunden hatten.

Als der Abend sich über Belgrad senkte, kehrten wir wie ein Paar, das seit Ewigkeiten zusammengehört, in das Hotel zurück, das Snežana ausgesucht und für unser erstes Date gebucht hatte. Ein Zimmer für uns beide!, und diese Entscheidung bedeutete so vieles. Ein Gefühl der Geborgenheit, eine tiefe Gewissheit, dass dies einer jener Momente war, die das Leben verändert. Der Flughafenempfang, die Spaziergänge durch die Stadt, das Lächeln auf ihren Lippen, all das formte sich zu einem kostbaren Schatz, der einen neuen Raum in meinem Herzen eroberte. Es war klar, dass diese Begegnung uns beide verändert hatte, und wir dies beide wussten, ohne es aussprechen zu müssen.

Am nächsten Morgen, als die ersten Sonnenstrahlen die Stadt in ein warmes Licht tauchten, gingen wir Hand in Hand zur Kalemegdan-Festung, wo die Donau und die Save majestätisch zusammenfließen. Von hier aus, auf dieser alten Anhöhe, hatte man das Gefühl, die Stadt würde sich einem wie ein offenes Buch präsentieren, jedes Kapitel, jede Epoche war in den Steinen, den Mauern und den jahrhundertealten Türmen verankert. Snežana zeigte mir die verborgenen Winkel, erzählte von Schlachten und Frieden, von Königen und Revolutionären, die auf diesen Mauern gelebt und gekämpft hatten. Mit jeder Geschichte, die sie mir erzählte, schien sie mich ein Stück mehr in die Seele dieser Stadt und in ihr eigenes Herz blicken zu lassen.

Später, in der Altstadt, entdeckten wir eine andere Facette Belgrads, das pulsierende Leben, die Menschen, die in die kleinen Geschäfte strömten, die Cafés, die mit Lachen und lebhaften Gesprächen gefüllt waren. An einem besonders belebten Platz standen wir plötzlich vor der prächtigen Kathedrale "Sveti Sava", deren Kuppel so hoch in den Himmel ragte, dass man unwillkürlich in Ehrfurcht zurückwich. Die Innenräume waren noch im Bau, doch selbst in ihrer unfertigen Pracht verströmte die Kathedrale eine so tiefe Ruhe, dass ich mich in eine andere Welt versetzt fühlte. In diesem heiligen Raum, neben Snežana, hielt ich für einen Moment inne, ein Gefühl, das schwer zu beschreiben ist, wie das

Finden eines lang ersehnten Friedens. Wir standen dort, still, Hand in Hand, und in diesem Augenblick schien alles, was uns bis hierher geführt hatte, Bedeutung zu erlangen.

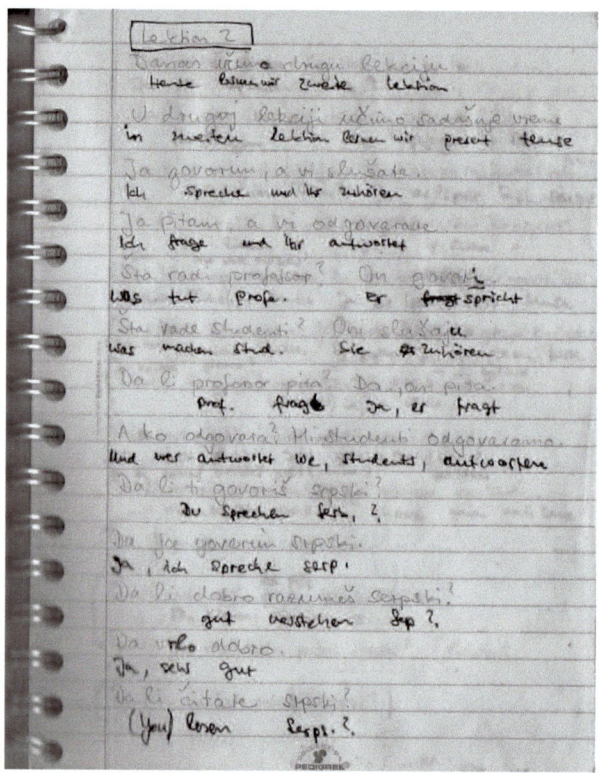

Ich lernte die ersten serbische Sätze.

Als die Sonne sich langsam hinter den sanften Hügeln Belgrads senkte und die Altstadt in ein schummriges Licht tauchte, spürte ich, dass unsere Reise nun wirklich begonnen hatte, nicht nur durch die Stadt, sondern auch die Reise in unsere Zukunft. Während wir im Café Skadarlija saßen, umgeben von den Klängen serbischer Musik und dem Duft von türkischem Kaffee, schien die Welt, um uns stillzustehen. Snežana sprach über ihre Reisen, über Kolumbien, Argentinien und Mexiko, wo sie oft als Simultandolmetscherin unterwegs war. Sie erzählte mir, wie sie diese Länder lieben gelernt hatte, und ich konnte die Faszination und den Stolz in ihrer Stimme hören. Diese Frau, die in fünf Sprachen mühelos wechselte, hatte sich dazu entschlossen, nun auch Deutsch zu lernen, ein kleines Zeichen, das mir mehr bedeutete, als ich ihr vielleicht zeigen konnte.

Am nächsten Tag, als ich Belgrad im Morgenlicht sah, begann ich zu verstehen, dass ich in dieser Stadt und an Snežanas Seite einen neuen Abschnitt meines Lebens gefunden hatte. Und so stand mein Entschluss fest, Serbisch zu lernen und mir diese Sprache ebenso zu eigen zu machen wie die Wege und Plätze, die Snežana und ich gemeinsam erkundeten. Sie führte mich zu den verborgenen Schätzen der Stadt, erzählte mir die Geschichten hinter den Fassaden und den Mauern, ich fühlte mich wie ein Schüler in ihrer Hand. Am Abend, nach langen Erkundungen und Gesprächen, bei denen wir über alles sprachen, was uns bewegte, schlief sie in meinen Armen ein, und ich wusste, dass ich in diesen wenigen Tagen ein Teil von mir selbst gefunden hatte, den ich längst verloren glaubte.

Es folgte ein schmerzhafter Abschied, verbunden mit dem Versprechen, uns bald wiederzusehen. Ich kehrte heim, doch mein Herz blieb in Belgrad. Zwei Monate später packte ich mein Auto und machte mich auf den Weg, diesmal entschlossen, die Strecke auf eigenen Rädern zurückzulegen. Snežana hatte ein Zimmer im "Hotel Moskva" reserviert, ihre eigene Wohnung war auch im Hause ihrer Eltern, die ich noch nicht kennengelernt hatte. Und als ich in der Dämmerung die Stadt erreichte, wusste ich, dass ich endlich zurück war.

Das Hotel Moskva schien in einem fast surrealen Dämmerlicht zu stehen, das die elegante Fassade mit ihren Jugendstilelementen wie ein Gemälde wirken ließ. Im Foyer herrschte jene gedämpfte Stimmung, die nur alte Häuser haben, eine Mischung aus Historie und Geheimnis. Die Kronleuchter schienen unberührt von den Jahrzehnten und spiegelten das Licht in den polierten Marmorböden wider. Wir holten den Schlüssel an der Rezeption, doch als wir uns umdrehten, spürten wir die Blicke einer Gruppe älterer Damen, die wie Königinnen der Vergangenheit im Raum thronten. Elegant und in edle Stoffe gehüllt, saßen sie auf den weichen, samtigen, Sesseln und sahen uns mit wachsamen Augen an.

Snežana beugte sich zu mir herüber und flüsterte:

"Sie wissen, wer wir sind. Es ist, als hätten sie nur auf uns gewartet."

Ein Schauer lief mir über den Rücken, aber ich lächelte. Als ehemaliger Mitarbeiter der *****, war ich nicht unempfindlich für solche subtilen Signale, die Art, wie sie sich positionierten, die Blicke, die mehr verrieten, als sie verbergen wollten. Diese Damen hatten Geschichte miterlebt und schienen sie wie ein geheimes Wissen zu bewahren, das nun auf uns gerichtet war.

Beim Abendessen, begleitet von einem kräftigen serbischen Rotwein und herzhaftem Ćevapčići, genossen wir die Atmosphäre des Restaurants, doch die Blicke der Damen ruhten unverändert auf uns. Während des Essens wurde uns klar, dass eine der Damen einst zur engen Umgebung von Milosevic gehört hatte, ein Name, der bis heute einen dunklen Schatten über die Stadt wirft.

Nach dem Essen wollten wir uns in der Bar des Hotels niederlassen, um uns ungestört unterhalten zu können. Doch kaum hatten wir Platz genommen, kam eine der Damen zu uns an den Tisch. Ihre schneeweißen Haare waren zu einer feinen Hochsteckfrisur gebunden, und obwohl ihre Hände leicht zitterten, waren ihre Augen voller Schärfe und Neugier.

"Darf ich mich setzen?"

fragte sie und ließ sich nieder, bevor wir antworten konnten.

"Mein Name ist Ljubica", sagte sie.

"Ihr seid Fremde hier, das spürt man. Aber euer Interesse an dieser Stadt … das ist wie ein Echo aus der Vergangenheit."

Sie sprach ein akzentuiertes Deutsch, wie jemand, der viele Jahre in Deutschland gelebt hat. Snežana drückte meine Hand fester, als Ljubica fortfuhr:

"Früher, wissen Sie, waren wir das Herz Jugoslawiens. Heute sind wir nur noch die Schatten, aber Schatten vergessen nichts!"

Diese Worte hingen wie ein geheimnisvoller Schleier in der Luft, und ich fühlte, dass Ljubica mehr über uns wusste, als sie sagte. Der Abend im Hotel Moskva, die stillen Gespräche und die verhüllten Blicke der Vergangenheit, es war, als würde Belgrad uns selbst zur Geschichte machen. Und ich wusste, dass dies erst der Anfang eines Kapitels war, das Snežana und ich gemeinsam schreiben würden.

Mit einem letzten, bedeutungsvollen Blick verließ uns Ljubica, und wir blieben zurück in einer

Mischung aus Verwirrung und Faszination, mit dem Gefühl, gerade ein verschleiertes Kapitel der Geschichte gestreift zu haben. Ihr letzter Rat hallte noch in mir wider:

"Bleiben Sie unauffällig."

So sprachen die Menschen hier über die düsteren Ecken, die Vergangenheit und die unsichtbaren Netzwerke, die immer noch den Herzschlag der Stadt durchzogen.

Am nächsten Morgen, als die erste kühle, klare Luft in die Straßen drang, verließen wir das Hotel Moskva und machten uns auf den Weg nach Novi Sad. Die ersten Sonnenstrahlen zeichneten sanfte Schatten auf die Gebäude und strichen über die geschichtsträchtigen Mauern Belgrads, die uns wie eine stumme Erinnerung verabschiedeten. Neben mir saß Snežana, in Gedanken versunken, während ich das Steuer übernahm. Es herrschte eine angenehme Stille zwischen uns, als wir die Stadt verließen und das weite Land vor uns lag, eine endlose Straße Richtung Norden.

Die Stadt verblasste allmählich im Rückspiegel, und vor uns lag die Silhouette der halb zerstörten Ruinen des einstigen Verteidigungsministeriums, das als zorniges Monument der Vergangenheit aufragte. Die Fassaden waren geschwärzt und brüchig, wie die Wunden eines

Körpers, der die Narben des vergangenen Krieges trug.

"Hier lebt die Geschichte",

sagte ich leise, und Snežana, den Blick nach vorn gerichtet, nickte zustimmend, ein Hauch von Wehmut in ihren Augen.

"Jede Generation hier trägt ihre Last",

erwiderte sie, und ihre Worte hingen wie ein stilles Gebet in der Luft, während wir weiterfuhren und die zerbrochenen Brücken Belgrads hinter uns ließen, Symbole des Unvermögens und der zerstörten Träume, die sich in diesem Land verfangen hatten.

Die Straßen führten uns bald hinaus in die weiten Felder, und das ländliche Serbien begann sich vor uns auszubreiten. Sanfte Hügel, überzogen mit goldgelben Gräsern und vereinzelten Baumreihen, tauchten in der Ferne auf, und die Morgensonne ließ das Gras wie ein stilles Meer glänzen. Die Felder lagen friedlich unter einer durchsichtigen Nebeldecke, die sich wie ein sanfter Schleier über die Landschaft zog. Es war eine Szene voller stiller Schönheit, doch die Erinnerung an das Vergangene schien auch hier greifbar. Immer wieder zeigte Snežana auf verlassene Bauernhäuser oder Schilder mit Einschusslöchern, stille Zeugen eines Konflikts, der sich in die Seele des Landes gegraben hatte.

Als Novi Sad vor uns auftauchte, spürte ich sofort, dass diese Stadt anders war. Die Straßen wirkten jugendlicher, farbenfroh, als wolle die Stadt den schweren Schatten abschütteln, den Belgrad immer noch trug. Snežana warf mir ein Lächeln zu und sagte:

"Novi Sad ist anders, Rainer. Weniger rebellisch vielleicht, aber die Menschen hier tragen die Vergangenheit auf ihre eigene Art in sich."

Die Cafés entlang der Straßen waren belebt, die Menschen gingen ihrem Alltag nach, doch es lag eine fast feierliche Leichtigkeit in der Luft, die mir wie eine kleine Flucht aus der Schwere Belgrads vorkam.

Schließlich parkten wir und tauchten ein in die lebendige Atmosphäre der Straßen, wo Stimmen, Lachen und das Klirren von Gläsern miteinander verschmolzen.

"Willkommen in der Hauptstadt der Vojvodina", sagte Snežana lächelnd, und für einen Moment fühlte es sich an, als hätten wir den schweren Mantel der Vergangenheit abgelegt.

Doch Snežana wollte mir noch mehr von Serbien zeigen, sie sprach von Fruška Gora, von den Weinbergen und den Klöstern, die wie versteckte Perlen zwischen den Hügeln lagen. Und sie hatte für uns eine Nacht im "Hotel Fantast" gebucht, einem Märchenschloss, das sich wie ein verborgener Schatz in der Vojvodina verbarg. Es war Abend, als wir dort eintrafen, das Licht der untergehenden Sonne strahlte warm über die alten Gemäuer. Der Duft der Wälder, die den Ort umgaben, hing schwer in der Luft, und das Hotel selbst hatte etwas Märchenhaftes, eine Stille und Abgeschiedenheit, die uns zu sich rief.

Im Hotelrestaurant, das mit schweren Holztischen und altem Silberbesteck ausgestattet war, servierte man uns "Pljeskavica", ein deftiges Hackfleischgericht, das in Serbien Nationalstatus genießt und dessen Geschmack unverkennbar die Wärme und das Temperament der Region in sich trug. Dazu wurde ein kräftiger roter Wein gereicht, dessen Aromen den Abend verfeinerten. Das Licht der Kerzen flackerte sanft, und Snežanas Augen leuchteten auf, als sie mich ansah und mit einem Lächeln sagte:

"Darling, I'm drunk, please abuse me!"

Ihr Satz, zugleich keck und von feiner, verführerischer Sanftheit, ließ mein Herz schneller schlagen, eine Erinnerung, die wie ein kostbarer Edelstein für immer in meinem Gedächtnis blieb.

Am nächsten Tag stellte Snežana mich ihren Eltern vor, und die Begrüßung war herzlich. Ihr Vater, ein ernst wirkender Mann, und ihre

Mutter, mit einem Schmunzeln in den Augen, begrüßten mich in ihrem Haus. Es gab sofort ein gegenseitiges Verständnis, ein Band, das uns verband, denn wir waren beide "vom gleichen Fach (****)", wie Snežana es nannte. Doch in diesem "Metier", das uns so vertraut war, lauerten natürlich auch die politischen Spannungen, Begebenheiten, über die man besser nicht sprach, schon gar nicht hier.

Ein kurioses Detail erzählte mir Snežana beiläufig: Nur wenige Häuser weiter in Novi Beograd, lebte jahrelang ein Mann, den man für einen unscheinbaren Bürger hielt, ein "Bohemien" mit Rauschebart, niemand anderes als der Kriegsverbrecher Radovan Karadžić. So perfekt getarnt, dass er unerkannt durch die Straßen Belgrads spazierte und in den Märkten des angrenzenden "Chinatown-Viertels" seine Einkäufe erledigte. Es schauderte mich bei der Vorstellung, ihm möglicherweise einmal zufällig begegnet zu sein. Die Stadt schien ein Geheimnis nach dem anderen zu verbergen, eine stille Zeugin der Geschichte, die nur das offenbarte, was man bereit war, zu sehen.

In diesen Tagen lernte ich nicht nur ein Land kennen, sondern auch Snežana, diese faszinierende Frau, deren Liebe zu ihrem Land tief und voller Stolz war, die mir ihre Welt mit leiser Stärke zeigte und mir die dunklen wie die lichtvollen Seiten Serbiens offenbarte. In ihren Augen spiegelte sich die Hoffnung, dass eines Tages die Wunden verheilen könnten, und ich wusste, dass ich dieses Land und diese Frau nicht mehr loslassen wollte.

Unser drittes Treffen war kein einfaches Date, sondern eine Reise in eine andere Welt, in das Land Tunesien. Der Flughafen in Monastir, von Sonne überflutet, war voller Menschen, die sich begrüßten und verabschiedeten, doch als ich Snežana in der Menge entdeckte, wir reisten getrennt an, schien alles, um uns herum zu verschwinden. Wir liefen aufeinander zu und fielen uns in die Arme, ein Wiedersehen, das sich gleichzeitig wie eine Heimkehr und ein Aufbruch anfühlte. Wir kannten uns erst seit so kurzer Zeit und doch war sie mir nah, als wäre sie schon immer ein Teil meines Lebens gewesen. Zwei Wochen lagen vor uns, zwei Wochen in der Hitze Tunesiens, in denen wir uns einander völlig hingaben.

Tunesien entfaltete sich vor uns wie ein altes Märchen, das von Wind und Sand geschrieben war. Die Weiten der Sahara im Süden, die unendlich wirkten, erweckten eine leise Ehrfurcht in mir, und neben mir stand Snežana, mit einem Lächeln, das ebenso weit und tief schien wie die Landschaft selbst. Sie war in diesen Tagen meine

Gefährtin, meine Vertraute, mein Gegenüber, meine Geliebte. Ihre Hand in meiner fühlte sich an wie ein Ehrenwort. Gemeinsam wanderten wir durch die Straßen von Sidi Bou Saïd, verloren uns in den verwinkelten Gassen, zwischen dem Duft von Gewürzen und den Farben der Stoffe. Ihre Augen leuchteten bei jedem neuen Anblick, und ich sah in ihnen die Neugier und das Staunen eines Kindes und die Leidenschaft einer Frau, die das Leben bis in seine Tiefen erfasste.

Abende unter dem Sternenhimmel wurden zu stillen Momenten, in denen wir beide schwiegen, als wäre jedes Wort zu viel. Doch ein Blick, ein sanftes Lächeln, ein Kuss, sie genügten, um diese Zuneigung, die in so kurzer Zeit gewachsen war, zu spüren. Ich konnte nicht ahnen, dass dies das letzte Mal sein würde, dass ich Snežana so sehen würde. Dass diese beiden Wochen uns gehören würden und zugleich ein Abschied waren, der mir noch lange unerträglich erscheinen sollte.

Als die Reise endete und wir wieder in unsere getrennten Leben zurückkehrten, sprachen wir noch eine Weile am Telefon, schrieben uns E-Mails voller Zärtlichkeit und Pläne, voller Hoffnungen. Doch dann kam die Stille. Ich hörte plötzlich nichts mehr von ihr. Keine Anrufe, keine Nachrichten, nur Stille. Ich war ratlos, doch eine andere Adresse oder Kontaktmöglichkeit hatte ich nicht. Wir hatten uns erst dreimal getroffen. In dieser Stille lag eine quälende Ungewissheit. War sie enttäuscht von mir? Hatte sie jemand anderen lieben gelernt? Das Grübeln brachte keine Antwort, doch der Schmerz blieb. So vergingen Monate des Schweigens, die für mich zu Monaten des Aushaltens wurden.

Dann, eines Tages, erhielt ich eine Nachricht von einer "Cousine Milena" über facebook:
"Bist du der Rainer, der Snežana M. kannte, ihr Freund war?"
In dem Moment begann mein Herz zu pochen. Zögernd antwortete ich und gab ihr meine private E-Mail-Adresse. Die Nachricht, die mich erreichte, fühlte sich an, als hätte jemand die Zeit angehalten.

„Dear Rainer, I am sorry, but I have bad news, our dear Snežana passed away on February the 24th. She fought her battle very bravely for 7 years, but unfortunately this awful illness took her from us. I thought I should let you know because you were very significant for her and she never stopped mentioning you... even two days before she died she gave to my mother a book that you printed for her..."

Ich wusste um die Brustkrebserkrankung von Snežana. Wir glaubten beide fest daran, sie hätte sie überwunden.

Snežana hatte das Buch unserer gemeinsamen E-Mails mit Bildern und Träumen, 300 Seiten unserer stillen Liebe, mitgenommen in ihre letzten Tage. Gedanken an eine Zukunft, die uns nie gehörte, doch sie waren in ihr Herz geschrieben, und sie hatte sie mitgenommen, so wie ich diese Erinnerungen für immer mit mir tragen werde. Als ich Milena antwortete, waren meine Worte brüchig, ein Ausdruck des Unglaubens und des Verlustes. Ich schrieb, dass Snežana für mich nicht gegangen sei, dass sie bloß vorangegangen war und ich ihr eines Tages folgen würde. Das Buch, bat ich sie, möge sicher aufbewahrt werden, unsere Geschichte sollte nicht in falsche Hände geraten.

Milenas Antwort kam schnell, fast als spürte sie, dass ich an diesen Worten hing:

"Don't worry, the book will be safe with my mom... we know what it meant to her. I am Snežana's very close cousin, we say – sister. She is buried at Novo Bežanijsko cemetery. If you ever think to come, you just let me know, I will go with you. Just know that she never forgot you. Thank you."

57

Snežana – mutig und tapfer, hatte sogar in ihrer Krankheit die Öffentlichkeit nicht gescheut, kämpfte als starke Frau gegen den Krebs, eine Krankheit, die sie mit Entschlossenheit, mit einem Lächeln und mit der Kraft ihrer Persönlichkeit herausforderte. Ein Artikel in "Zdravlje i Leota", der Illustrierte "Gesundheit und Schönheit", schrieb über sie und ihren unermüdlichen Einsatz gegen die heimtückische Krankheit. Sie war für viele Menschen ein Vorbild, doch die Welt kannte nicht die intime Seite, die liebevolle Frau, die ich kennen durfte. Die Träume, die wir teilten, und die wenigen Momente, die für uns zur Ewigkeit geworden waren.

Es fragte mich später nie jemand, warum ich plötzlich kyrillische Buchstaben lesen konnte, warum ich serbische Worte verstand oder warum ich ausgerechnet von Serbien als Reiseland schwärmte. Niemand wusste von unserer kurzen, ewigen Liebe, nur ihr Sohn aus ihrer früheren Ehe, der mir ab und zu, über all die Jahre, via Facebook schrieb. Vielleicht spürte auch er, dass es Menschen gab, die Snežana auf eine besondere Weise in Erinnerung behalten würden.

Heute, 13 Jahre nach ihrem Tod, existiert ihr Facebook-Profil noch immer, wie ein stummes Denkmal unserer Liebe, ein Profil, das nie gelöscht wurde und mich daran erinnert, dass sie irgendwo in den unendlichen Weiten auf mich wartet, eine Frau voller Leben, Mut und Liebe, die auch den Tod überdauert.

Die Narzisstin

Seit dem Tod von Snežana war ein Jahr vergangen und mich dürstete nach dem Duft einer neuen Liebe.

Cynthia, die verkörperte Essenz einer waschechten und erotischen Narzisstin, besaß eine unwiderstehliche Anziehungskraft, die wie ein Magnet auf die Menschen um sie herum wirkte. Mit ihrem strahlenden Äußeren und ihrem charmanten Auftreten zog sie die Blicke auf sich, während ihr inneres Selbst von einer tief verwurzelten Selbstliebe durchdrungen war, die oft in Selbstüberschätzung und Egozentrik mündete.

Ihr Verhalten war durchdrungen von einem unstillbaren Durst nach Bewunderung und Anerkennung. Cynthia genoss es, im Mittelpunkt zu stehen, und sie fühlte sich unbehaglich, wenn die Aufmerksamkeit nicht auf sie gerichtet war. Sie war Meisterin der Manipulation, geschickt darin, ihre Mitmenschen zu umgarnen und zu beeinflussen, um ihre eigenen Ziele zu erreichen.

All das, erkannte ich erst 262 Tage später!

Cynthia antworte mir auf eine Partnerschaftsanzeige in der lokalen Tageszeitung. Ich wählte zum ersten Mal diesen Weg und erwartete, "nur ernsthaft an einer Partnerschaft interessierte Frauen lesen im Jahre 2011 noch die Seite: Suche

Partnerschaft". Heute müsste es vermutlich heißen: "Suche Partner*In". Und ich sah den Vorteil der räumlichen Nähe der Leserinnen und suchenden Frauen.

Ich hatte eine "Einmal-E-Mail Adresse" registriert und sie zusätzlich als eine Chiffre-Anzeige aufgegeben.

"Junggebliebener, dynamischer Er, 57, gesch., sportlich, mit traditionellen Werten, sucht für eine reife Beziehung die unabhängige Frau für Kultur, Bildung, Reisen und prickelnde Erotik. ba....@........de Zuschriften unter OZ ....169"

Die Resonanz war beeindruckend und Cynthia sandte mir eine erste Antwort als E-Mail.
"Hallo Unbekannter"…. Das ist ja wohl die gängige Anrede auf solche Anzeigen.
"Ihre Worte machen mich neugierig! ...."

Und dann trafen wir uns zum ersten Mal. Sie konnte nicht aus dem Auto aussteigen, eine schmerzhafte Erkrankung hinderte sie daran. Trotzdem sprang ein erster Funke über. Und so, wie ich es wahrnahm, nicht nur auf meiner Seite. Wie sich später herausstellte, war es sehr wohl eine subjektive Wahrnehmung von mir.

In der zeitgemäßen Sprache müsste ich es so ausdrücken: "Ich war geflasht von Ihr".

Vom dritten Tag an verbrachten wir unsere Tage und Nächte zusammen. Denn, am dritten Tag seit dem ersten Treffen auf einem Parkplatz, lud sie mich zum Essen bei ihr ein. Beim Dessert fragte Sie mich bereits:

"Wann wollen wir morgen frühstücken?"

Danach entwickelte sich unsere Beziehung aus meiner Sicht, wie ich es von einer zukünftigen Lebenspartnerin erträumte. Ich wollte für sie da sein.

"Ich habe morgen früh einen Arzttermin und Angst vor der Spritze".

Kein Problem, ich werde dabei sein.

"Ich muss übermorgen zu einer Blasenspiege-lung, da habe ich jetzt schon Bammel davor".

Ich bleibe bei Dir und halte Deine Hand, was ich auch tat. Schließlich kannten wir uns schon eine gute Woche! Und ich war dabei.

"Ich kann nicht länger als eine Stunde auf den Beinen sein".

Ich koche gerne, bleibe liegen.

"Morgen habe ich einen Facharzttermin bei einem Orthopäden, bei dem ich noch nie war".

Ich fahre Dich zum Arzt. Bleibe heute Nacht bei mir, dann können wir eine Stunde länger schlafen.

Über die Wochen hinweg, in denen ich auf meine Annonce Zuschriften erhielt, entwickelte sich in mir ein festes, unverrückbares Gefühl: Cynthia war die Frau, die für den Rest meines Lebens an meiner Seite sein sollte. Wenn ich morgens einen neutralen Umschlag aus der Redaktion im Briefkasten fand, übergab ich ihn wie selbstverständlich an sie. Es war ein stilles, fast zeremonielles Ritual. Sie öffnete die Briefe, las sie, ließ sie durch ihre Filter passieren, die Bewerbungen der anderen Frauen und vernichtete sie anschließend mit einer Selbstverständlichkeit, die mir ein heimliches Lächeln entlockte. Ich wusste: Wir waren einander bestimmt.

Doch dieses Bild von uns, so stabil und vielversprechend es schien, bekam mit der Zeit erste Risse. Cynthias Wesen offenbarte mir Facetten, die mich immer häufiger mehr als nur nachdenklich stimmten. Die Welt war für sie eine Bühne, eine perfekte Inszenierung, auf der sie stets die Hauptrolle spielte und erwartete, dass sich alle anderen um sie drehten. Ich begann, zu merken, wie tief in ihr der Drang verwurzelt war, immer an erster Stelle zu stehen, was letztlich ein Spalt zwischen uns war, den ich zu überbrücken suchte.

Eine Szene, die sich tief in mein Gedächtnis eingebrannt hat, ereignete sich, als sie sich eines

Tages schwungvoll auf den Beifahrersitz meines Autos fallenließ. In einer fast kindlichen Wut knallte sie die Türe zu, und ich, in meiner Unbedarftheit, konnte nicht anders, als zu sagen: "Knall die Tür doch nicht so, sie kann doch gar nichts dafür."

In ihrem Blick spiegelte sich augenblicklich eine verletzte Würde, eine Art unverzeihliche Kränkung, die ich damals nicht einordnen konnte. Das Gespräch, das sich danach entspann, war kühl, beinahe eisig, und diese vermeintliche Lappalie nahm eine Größe an, die ich nie für möglich gehalten hätte. Dieser eine Satz, so unwichtig er mir erschien, verfolgte mich, und die Wunden, die ich damit in ihrem Stolz hinterlassen hatte, heilten nicht in den darauffolgenden Monaten.

Diese und ähnliche Vorfälle führten letztendlich dazu, mich tiefer mit dem Thema Narzissmus zu beschäftigen. Ich durchforstete die Universitätsbibliothek, las alles, was ich über narzisstische Persönlichkeiten und -störungen finden konnte, als würde ich ein Rätsel zu lösen versuchen, das ich weder begriff, noch im Alltag zu meistern vermochte. Ich entdeckte einen Satz, der mir bis heute im Gedächtnis geblieben ist:

"Gott Vater verzeiht, ein Narzisst oder eine Narzisstin nie."

Plötzlich ergab vieles einen Sinn, und ich begann, zu verstehen, wie sich tiefe Unsicherheit und unerschütterliche Selbstzentriertheit in einer Person vereinen können, ohne jemals wirklich zusammenzufinden.

Doch die Erkenntnisse, die ich sammelte, brachten mir kaum Erleichterung. Vielmehr zeigte sich mir eine düstere Erkenntnis: Das Bild, das ich von ihr hatte, war ein Trugbild, eine Illusion, die ich nur allzu gerne geglaubt hatte. Diese Erkenntnis, schmerzlich und quälend, setzte sich in mir fest wie ein unsichtbarer Dorn. Es war, als würde ich die unsichtbaren Fäden ihrer Persönlichkeit immer weiter entwirren und verstehen, wie tief ihre Mechanismen von Selbstschutz und Abwehr waren.

Cynthia, die Frau, die ich als meine Gefährtin ansah, begann, eine andere Seite zu zeigen, eine Seite, die alle Zeichen eines verletzten Narzissmus trug. Sie konnte Fehler und Kritik nicht verzeihen, und diese Unnachgiebigkeit manifestierte sich in Momenten, die mich an den Rand meiner eigenen Geduld und Nachsicht führten. Ihre Egozentrik nahm mit der Zeit fast schon groteske Züge an; dennoch konnte ich mich nicht einfach von ihr lösen. Sie hatte einen Glanz, eine Anziehungskraft, die mich in ihren Bann zog, auch wenn sie mir mehr und mehr wie ein Spiegel ihrer eigenen Unzulänglichkeiten erschien. Sie verkörperte sowohl die Faszination als auch die Gefahr, die von einem Menschen mit narzisstischen Zügen ausgeht.

Ein Ratschlag, den ich in dieser Zeit aus den psychologischen Büchern aufschnappte, lautete: "Halte Abstand und bleib wachsam."

Und so tat ich es. Nach außen hin blieb ich der verständnisvolle Partner, innerlich jedoch baute ich eine Mauer, eine unsichtbare Festung gegen die Verletzungen, die sie mir zufügte. Ich schrieb meine Gefühle nieder, ließ die Wut und den Schmerz durch den Stift fließen und begann ein Buch, das schließlich als "Schmerzprotokoll" in meinem privaten Archiv lag.

Während dieser Zeit hatte ich gelegentlichen Kontakt mit einer anderen Frau, nennen wir sie Heidrun. Sie war das absolute Gegenteil von Cynthia. Mit einer ruhigen, empathischen Art hörte sie mir zu, schien meine Erlebnisse zu verstehen und ermutigte mich, meinen Schmerz niederzuschreiben. Heidrun war promovierte Biologin, eine begnadete Gesprächspartnerin, und ihre Präsenz in meinem Leben wurde wie ein Rettungsanker in einer Zeit, in der ich mich mehr und mehr verloren fühlte. Doch unsere Beziehung blieb platonisch; ich hatte nie das Bedürfnis, diese Freundschaft auf eine intime Ebene zu heben. Für mich war sie die kluge Zuhörerin, die mich auf den Pfad der Selbstheilung führte.

Doch auch Heidrun trug ein eigenes, verborgeneres Interesse mit sich. Im Nachhinein erkannte ich, dass ihre Freundlichkeit und ihre Zuwendungen vielleicht mehr Bedeutung trugen, als ich es zu Beginn wahrnahm. Unsere Gespräche nahmen an Intensität zu, und ich spürte eine subtile Veränderung. Doch ich hielt an dem rein platonischen Charakter unserer Freundschaft fest und entschied mich, die neu gewonnene Klarheit über meine Vergangenheit für mich zu behalten.

Die Begegnung mit Cynthia war wie ein leiser Windstoß, der aus dem Nichts in mein Leben trat und es auf den Kopf stellte. Sie war eine Frau, die mit Energie, Willensstärke, einem Lächeln und Sex-Appeal durchs Leben ging, das alles in ihrem Umfeld erwärmte. Unsere ersten Monate miteinander waren meistens voller kleiner Freuden und stiller, gemeinsamer Momente. Doch die Last, die sie mit sich herumtrug, ihre gesundheitliche Einschränkung, wurde von Tag zu Tag schwerer. Schließlich stellte sich heraus, dass die Symptome die sie hatte, auf eine ernste Erkrankung hindeuteten. Der Moment, in dem der Radiologe es uns offenbarte, war für uns beide ein tiefes Erdbeben. Ich versprach ihr, an ihrer Seite zu bleiben, egal was kommen mochte.

Sechs Monate nach unserem Kennenlernen fuhren wir gemeinsam in die Klinik, wo sie von einem renommierten Neurochirurgen operiert werden sollte. Die Tage vor der Operation verbrachten wir, so gut es ging, miteinander im Park der Klinik. Ich schob sie im Rollstuhl durch die gepflegten Gartenanlagen, vorbei an den prächtigen Rosenbeeten. Die Luft war erfüllt vom sanften Duft der Blumen, und auch wenn der Himmel manchmal wolkenverhangen war, spürte ich zwischen uns eine Nähe, die weit über die Krankheit hinausging. Es war ein Frieden, eine Ruhe, die ich tief in mir spürte, während ich mich um sie kümmerte und sie mit ihrer Krankheit kämpfte. Ihre Stärke beeindruckte mich. Ich meinte, dass ein unsichtbares Band uns verband.

Als schließlich der Tag der Operation kam, wartete ich stundenlang in der Klinik. Jeder Moment dehnte sich wie eine Ewigkeit, die Gedanken kreisten endlos. Als der Chirurg mir schließlich mitteilte, dass der Eingriff erfolgreich verlaufen war, überkam mich eine Erleichterung, die mir Tränen in die Augen trieb. Doch der Weg zurück ins Leben war für Cynthia nicht sofort möglich. Eine lange Rehabilitation lag vor ihr. Ich besuchte sie täglich in der Reha-Klinik, sah ihre Fortschritte, die kleinen Schritte auf dem Weg zurück in ihre alte Gesundheit. Mit jedem Tag kehrte ein wenig mehr Leben in sie zurück. Sie strahlte regelrecht, wenn ich in den Raum trat und mich den Mitpatientinnen als "ihren Mann" vorstellte – "der, der sie täglich besuchte". Ihr unübersehbarer Stolz, mich an ihrer Seite zu haben, erfüllte mich mit einer tiefen Zufriedenheit.

Drei Monate später war sie so weit genesen, dass sie wieder arbeiten konnte. Ein Triumph, den wir gemeinsam feierten. Auch ins Fitnessstudio, ihre geliebte "Muckibude", kehrte sie zurück. Für eine kurze Zeit schien alles so zu sein, wie es am Anfang eigentlich hätte sein sollen, als wir uns kennenlernten. Doch dann kam dieser Samstag, an dem alles anders war.

Cynthia war an jenem Morgen schlechtgelaunt, und obwohl ich in ihrer Nähe war, spürte ich, wie sie mich absichtlich ignorierte. Etwas stimmte nicht, doch ich konnte nicht ergründen, was es war. Schließlich beschloss ich, ihr Raum zu geben.

"Ich fahre zurück zu meinem Haus, erledige ein paar Sachen und komme heute Abend wieder vorbei", sagte ich, in der Hoffnung, dass sich die Anspannung lösen würde.

Ich drehte mich um, öffnete ihre Haustür und war im Begriff zu gehen. Doch bevor ich ihr Haus ganz verlassen hatte, hörte ich ihre Stimme, ruhig und kühl aus dem Wohnzimmer.

"Du brauchst nie mehr vorbeizukommen. Unsere Beziehung ist vorbei."

Die Worte trafen mich wie ein Schlag. Ihre Stimme war fest, ohne jede Emotion, als ob sie einen Schalter umgelegt hätte, der alles zwischen uns augenblicklich auslöschte.

Es war, als hätte sie mich einfach ausgeschaltet, wie das Licht im Keller, das man ausschaltet, ohne einen Gedanken daran zu verschwenden. Kalt, unpersönlich, emotionslos. Kein Zögern, kein Blick zurück. Für einen Moment stand ich einfach nur da, unfähig, zu verstehen, was gerade geschehen war. Wir hatten so viel miteinander durchgemacht, uns gegenseitig in unseren schwächsten Momenten gestützt, und doch schien es für sie keine Bedeutung zu haben.

Ich ging nach Hause, wie benommen, mit einem Gefühl der Leere, das sich in mir ausbreitete. Die Gedanken kreisten um alles, was wir gemeinsam erlebt hatten, und ich fragte mich, wie jemand so eiskalt etwas beenden konnte, das doch so tief schien. Ich habe Cynthia nie mehr wiedergesehen.

Ein Jahr nach der Trennung von Cynthia, sollte sich jedoch zeigen, dass Heidrun, meine für mich verständnisvoll Gesprächspartnerin, eine Rache plante, die mich völlig unvorbereitet traf. Ein Brief, den ich an einem Dienstag im Mai öffnete, kündigte die Wendung an, die ich niemals erwartet hätte. Der Inhalt war schockierend, eine Abmahnung wegen Persönlichkeitsrechtsverletzung, initiiert durch die eifersüchtige "ungeliebte Freundin". Ich hätte zu viel ausgeplaudert.

Dr. B., mein Anwalt, beruhigte mich, und in den darauf folgenden Wochen verstand ich, dass ich in einem Netz der Intrigen gefangen war, das Cynthia und Heidrun gleichermaßen gesponnen hatten, nachdem Heidrun Cynthia aufgesucht hatte. Die Zurückweisung der Abmahnung kostete mich 375 Euro Anwaltskosten.

Am Ende blieb mir nur eines: ein entschiedener Schlussstrich, der mir die Freiheit zurückgab, die ich verloren geglaubt hatte. Und heute blicke ich zurück, mit einem leisen Schmunzeln, das ich nur den Menschen schenke, die einst meine Geschichte mitgeschrieben haben, ohne je zu ahnen, dass es stets nur meine eigene Geschichte war, die ich erzählte.

Russisch Roulette

Manchmal kommen die Wendungen des Lebens wie die Winterwinde über die sibirische Steppe, plötzlich, klar und gnadenlos kalt. Nachdem Cynthia, die Narzisstin, die Kontrolle über unsere Beziehung mit einem kurzen Handgriff am Lichtschalter beendete, fand ich mich in einer Art emotionalem Niemandsland wieder. Es war, als hätte sie mir die Wärme einfach entzogen, und in diesem Moment begann ich zu verstehen, dass nichts, nicht einmal ein Tanzkurs, auf Dauer stabil sein musste. Wir hatten drei Tanzstunden zusammen verbracht, dann der jähe Schnitt, das Licht aus, die Tür zu, das Kapitel beendet.

Zwei Wochen später rief die Tanzschulbesitzerin bei mir an und erkundigte sich besorgt, warum ich und meine Partnerin nicht mehr erschienen.
"Haben Sie uns verlassen, weil Sie unzufrieden waren?"
fragte sie mit einer Art geschäftsmäßigen

Pragmatismus, als sei sie die Seelsorgerin meines alten Spessartdorfes, die die Ordnung des Ganzen überwacht. Ich erklärte die Lage, und bevor ich mich versah, bot sie mir an, doch einfach für eine alleinstehende Dame zu hospitieren. Gesagt, getan. Doch die erste Tanzpartnerin, die ich an jenem Donnerstagabend in den Armen hielt, fühlte sich alles andere als angenehm an. Es war, als hielte ich einen Fremdkörper, und meine Schritte wurden schwer, stockend.

"Sie müssen sie ja nicht gleich heiraten", meinte die Tanzlehrerin mit einem Augenzwinkern. Eine Woche später fand ich mich auf der Tanzfläche, mit Ivana, einer Frau, die anders war, jünger, eine Frau in ihren 40er und dazu jemand, der, wie ich bald erfuhr, ihre Wurzeln in den eisigen Wäldern Sibiriens hatte. Sie war im Jahr 1990 mit ihrer Familie nach Deutschland gekommen, einem Ruf des Vaterlands folgend, den Helmut Kohl den Russlanddeutschen schickte. Die Familie, die eher eine Sippe war, hatte das kleine Dorf in Sibirien verlassen, wo ihre Großeltern in einem stummen Zeugnis der Geschichte als

Deutsche in die Verbannung geschickt worden waren. Das sibirische Blut floss in Ivanas Adern, ein Blut, das sich an die Härten und Entbehrungen gewöhnt hatte.

Die ersten Tanzstunden mit ihr verliefen harmonisch, und irgendwann stand sie eines Abends vor meiner Haustür. Sie war mir sympathisch, und ich sagte mir, dass es nicht schade wäre, die Nähe zu genießen, zumindest für den Moment. Sie blieb zum Abendessen, sie blieb auch die Nacht bei mir. Danach verbrachten wir immer mehr Nächte zusammen, und so, ohne viel Federlesens, entwickelte sich eine Beziehung. Für sie war das Praktische wichtig; ein älterer, "flüssiger" Mann, wie ich, versprach eine gewisse Sicherheit, aber ohne die Provokation eines reichen Partners. Eine emotionale Konkurrenz wäre gefährlich gewesen, hätte die Balance in ihrer Familie gestört. Brüder und Onkel sahen wohlwollend auf mich, und ich ahnte, dass ich eher als Ernährer denn als Rivale akzeptiert wurde.

Die russische Mentalität prägt sich anders als die deutsche; sie verlangt nicht das große

Drama, sondern trägt den Alltag pragmatisch. Die Monate wurden allmählich zu Jahren, in denen sich die Dinge einfach fügten. Doch je mehr ich in Ivanas Welt eintauchte, desto stärker spürte ich die Kluft zwischen uns. Sie las keine Bücher, nicht einmal eines in vier Jahren unserer Beziehung. Intellektuelle oder kulturelle Gespräche blieben fern. Stattdessen umgaben wir uns in einer familiären Gemeinschaft, in der die Großfamilie dominierte und ich mich immer wieder in das rätselhafte, beinahe archaische Geflecht von Ivanas Familie verwickelt fand.

Ich stellte mir ihre Kindheit im kalten Sibirien vor, in jenem Dorf, das einst deutsche "Stalin-Verbannte" aufgebaut hatten und in dem nun Boris, ihr Vater, Russe und Helga, deutscher Abstammung, die Mutter, das Regiment führten. Sie schilderten mir, ihr Zuhause war mehr als ein einfaches Bauernhaus. Es war der Mittelpunkt der Familie, der Raum, in dem sich die Geschichten vergangener Generationen sammelten. Die Menschen dort lebten in einem unerschütterlichen Rhythmus, eingefasst von den endlosen Ebenen und den bitterkalten Wintern. Man spürte die alte Last der Geschichte, von Stalins Verbannung bis zum letztendlichen Exodus zurück nach Deutschland, und diese Last war immer gegenwärtig in den leisen Gesprächen am Tisch, in den stillen Blicken, bei den Familientreffen.

"Wann wird geheiratet?", war die Frage, die nach sechs Monaten kam, erst leise, dann immer insistierender. In russischen Familien, so hatte ich gelernt, ist die Ehe weniger romantische Erfüllung als vielmehr eine Notwendigkeit. Die Tochter sollte versorgt sein, das war die simple Rechnung, und es machte das Zusammenleben stabiler. Ich aber sah die Zeichen und hörte dieses Mal die Alarmglocken. Es war die Art von Beziehung, die man eingeht, weil der Alltag sie leicht macht, aber das Fundament ist nicht aus Leidenschaft oder intellektueller Verbindung. Manchmal erinnerte mich Ivana an eine Matrjoschka, eine Puppe mit vielen Schichten, deren Innerstes ich niemals würde erreichen können und auch nicht wollen.

Vier Jahre vergingen so. Ivana war, wie sie war, standhaft, fleißig, still, ein Teil von etwas

Größerem, dass ich nie ganz begriff, etwas, das stark in der russischen Seele verankert war. Ihr Leben schien vorherbestimmt von den Traditionen, die ihre Familie wie ein starres Korsett trugen. Es war, als seien diese vier Jahre wie ein tiefer sibirischer Winter vergangen, ohne dass die Jahreszeiten gewechselt hätten.

Die Vorstellung, in diese tief verwurzelte russische Familienstruktur hineinzuwachsen, erschien mir von Beginn an nahezu absurd, fast wie eine groteske Komödie, in der ich als naiver Fremder von einer vielschichtigen Netzstruktur umgeben war. Mir war bald klar: Ich war kein Teil dieses Geflechts aus ungeschriebenen Regeln und Traditionen, ein Außenstehender inmitten einer Welt, die mir fremd und oft seltsam unwirklich erschien.

Am eindrucksvollsten manifestierte sich diese Dynamik in der Beziehung von Boris und Sergei, zwei Brüdern, deren Verbindung so stabil und zugleich widersprüchlich war, wie das sibirische Klima selbst. Sergei, der gleich nebenan wohnte, stritt mit Boris bei jedem Treffen, nicht nur über Politik, sondern mit unbändiger Leidenschaft über die Frage, wie der Garten im nächsten Jahr zu bestellen sei, wer der bessere Handwerker ist und welcher Wodka am wenigsten Kopfschmerzen verursacht. Jedes Mal eskalierten die Debatten und verebbten dann in einem brüderlichen Schweigen, bevor sie sich am Abend auf der Terrasse mit einem Glas Wodka versöhnten. Einem großen Glas! Für ihre Gemeinschaft gehörten diese hitzigen Zusammenkünfte zum Brauchtum; es war eine Geschichte, die Generation für Generation weitererzählt wurde. Die sibirische Grundhaltung selbst schien ein unerschütterlicher Zeuge dieser Brüderlichkeit, tief verankert im unbarmherzigen Frost, der nur den hartnäckigsten Gräsern erlaubte, Jahr für Jahr neu zu erblühen. Und dieses Brauchtum war auch im Gepäck nach Deutschland dabei.

Und dann war da Olga, Ivanas Mutter, die in vielerlei Hinsicht das Bild der "typischen russischen Schwiegermutter" verkörperte, eine Frau von beachtlicher Willenskraft und Leibesfülle, die selbst der sibirischen Kälte trotzen konnte. Ihr erster Blick auf mich war durchdringend, wie der eines Generals, der keine Schwäche duldete. Jede meiner

Bewegungen schien sie zu registrieren, mit einer Strenge, die an ein jahrhundertealtes Ritual erinnerte, das keine Fehler verzeiht. Und als sie meinen "Single Malt" entdeckte, verzog sie das Gesicht, als hätte sie etwas Verwerfliches erblickt. "Wodka!" forderte sie mit einer Stimme, die keinen Widerspruch zuließ. "Ein echter Mann trinkt Wodka, kein schottisches Wasser."

In diesem Moment begriff ich, dass ich mich nicht mit Höflichkeiten und Kompromissen einfügen konnte; ich würde mich einer Prüfung stellen müssen, durch die ich mir erst den Respekt dieser Familie und damit meinen Platz an ihrer Seite erkämpfen würde.

Das erste große Familienfest offenbarte mir unmissverständlich, dass dies keine einfache Aufgabe werden würde. Tante Alina, Olgas Schwester, zeigte mir gleich, wie "wenig russisch" ich in ihren Augen wirkte, ein Urteil, das sie mit einer Mischung aus Misstrauen und Spott abgab. Sie erinnerte mich an eine Kommandantin eines Gulags, die kein Terrain unbeaufsichtigt ließ. Ihre Präsenz füllte den Raum aus, ihre Kommentare waren präzise und unnachgiebig, egal ob es um die Wahl des richtigen Wodkas oder die Erziehung der Kinder ging. Ich erkannte schnell: Hier hatte jeder seinen festen Platz und seine Rolle, ein Ensemble aus kritischen Tanten, streitbaren Brüdern und einer Mutter, deren scharfer Blick jeden Winkel dieses Kreises kontrollierte.

Für die Kinder, Alexander, Natalia und Anton, war diese Ordnung so selbstverständlich wie der tägliche Frost, der sich im Winter unnachgiebig in Sibirien über das Land legte. Persönliche Freiheit? Fehlanzeige. Als Alexander mir eines Tages erzählte, dass er bereits seit seinem siebten Lebensjahr regelmäßig auf dem Feld gearbeitet und die Kühe versorgt habe, sah ich in seinen Augen einen Hauch von Stolz, aber auch eine tiefe Sehnsucht nach Freiraum, die sich in seinem Leben kaum erfüllen ließ.

Erst in den langen Winternächten, die bei uns hier draußen gar nicht so kalt waren, und die Treffen nicht mehr im Garten, sondern im Haus stattfanden, erlebte ich Momente, in denen selbst die strenge Olga und die tadelnde Alina ihre scharfen Konturen zu verlieren schienen. Das Holz im Kaminofen knisterte, und die Familie sammelte sich, um in der Gemeinschaft ihre Geschichten zu erzählen. Es war, als ob die Kälte vor der Wärme dieser Erzählungen kapitulierte, als ob die jahrhundertealte sibirische Kälte für einen Moment von dieser familiären Nähe besiegt würde. Da spürte ich eine Art von Zugehörigkeit, eine Vertrautheit, die ich bis dahin nicht kannte, ein Funke von Zuneigung, die mich für einen kurzen Augenblick glauben ließ, ich könnte tatsächlich Teil dieser Welt werden.

Doch die Realität holte mich immer wieder ein. Es blieb nicht aus, dass meine Anwesenheit als eine Art Kuriosität behandelt wurde, ein Fremdkörper, der sich schwerlich in die Traditionen einfügen ließ. Der Whisky in meinem Regal blieb ein Symbol dieser Andersartigkeit, und Olga ließ keine Gelegenheit aus, mir zu zeigen, dass sie einen wodkatrinkenden Schwiegersohn durchaus bevorzugt hätte.

Nach vier Jahren des Zusammenlebens folgte ich schließlich einer Einladung nach Portugal. Freunde aus dem südlichen Alentejo, die ich lange nicht gesehen hatte, luden Ivana und mich für einige Wochen in die Berge ein. Doch Ivana, die ihren Jahresurlaub nicht dafür opfern wollte, ermutigte mich, allein zu fahren.

Zwei Wochen später, inmitten der Stille der portugiesischen Bergwelt, begann ich zu spüren, wie sich etwas veränderte. Nachrichten blieben unbeantwortet, und trotz wiederholter Anrufe gelang es mir nicht, sie zu erreichen, obwohl ich sah, dass sie gelegentlich online war. Als ich schließlich zurückkehrte, fand ich mein Zuhause in einer gespenstischen Leere vor. Ivana war fort, all ihre Dinge, alles, was sie in den vergangenen Jahren hinterlassen hatte, war verschwunden. Eine letzte Nachricht erreichte mich per WhatsApp, knapp und ohne jede Erklärung: "Sieh das Auto, das du mir gekauft hast, als Bezahlung meiner Mö**!"
Ein Satz, der in seiner Kälte und Härte alles enthielt, was von unserer Beziehung geblieben war.

In dieser knappen, schneidenden Formulierung schien sich die Distanz zwischen unseren Welten endgültig ins Unendliche zu verschieben. Das Leben, das wir geteilt hatten, löste sich in einer einzigen Nachricht auf, und der Schmerz der Trennung wich einer seltsamen, aber angenehmen Erleichterung. Es war, als hätte sie mir mit diesen wenigen Worten das Verlassen leichter gemacht, als wäre die russische Kälte, die ich für einen Moment als Wärme empfunden hatte, zurückgekehrt und hätte alles überzogen.

Ich betrachtete die letzte Nachricht als "Trennung auf Russisch". Den wahren Grund habe ich nie erfahren.

Wiener Walzer

Die Jahre mit Maria hatten mich gelehrt, dass das Leben im Herbst des Lebens, eine andere Art von Liebe bereithält, eine, die weniger auf den rauschhaften Höhen eines Frühlingsgefühls basiert, dafür tiefer, intensiver und oft schweigend ist. In ihr fand ich jemanden, mit dem ich ein Gefühl der Vertrautheit und Gelassenheit teilen konnte, das ich in früheren Jahren oft vergeblich gesucht hatte. Ihre ruhige Art, ihre Fähigkeit, in Momenten der Unruhe Frieden zu finden, die Ruhe, mit der sie über die Jahre hinweg Wunden geheilt und den Verlust verarbeitet hatte, all das zog mich an und füllte meine Seele wie eine warme Abendsonne, die im Spätsommer tiefrot über den Feldern schwebt.

Doch dann, fast schleichend, geschah etwas, das ich lange nicht einordnen konnte. Sie zog sich zurück, zunächst fast unmerklich. Ich spürte es an den Abenden, die wir zusammen verbrachten, oder vielmehr, nicht zusammen verbrachten. Der Fernseher schien ihr stiller Vertrauter zu werden, als würde er eine Leere füllen, über die sie nie sprach. Ein neuer Abstand schlich sich zwischen uns, ein lautloser, kalter Schatten, der sich über unsere Abende legte, während ich ihr Gesicht betrachtete und mich fragte, was in ihr vorging. Es war, als stünde ich vor einer verschlossenen Tür, die früher für mich immer offen gestanden hatte. Statt sich mit mir auszutauschen, verschwand sie in ihrer Welt vor dem Fernseher, stundenlang, jeden Tag, verschlossen, unzugänglich und fern.

Was aber in mir die tiefsten Zweifel säte, waren nicht nur die verschlossenen Blicke und die Abende, an denen ich vergeblich wartete. Es war die Distanz, die sie bewusst hielt, die Grenzen, die sie um ihr eigenes Inneres zog und die kein Gespräch durchbrechen konnte. Ich fühlte mich wie ein Eindringling in einem Leben, in das ich einst herzlich eingeladen war und das nun unmerklich und doch unaufhaltsam immer stärker verschlossen schien. Sie sprach wenig darüber, was sie beschäftigte, und wenn ich es doch wagte, nachzufragen, bekam ich meist ein liebevolles, aber reserviertes Lächeln, das mir bedeutete, dass ich nicht weiterbohren sollte. Die Liebe, die wir bereits sieben Jahre geteilt hatten, schien einem stummen Arrangement gewichen zu sein, einer Distanz, die mich verletzte und ihre Seele für mich zunehmend unlesbar machte.

Als die Besuche ihrer Kinder seltener wurden, nahm die Kälte neue Formen an. Ich, der ich stets bemüht war, höflich und offen zu sein, fand mich immer wieder mit Antworten abgespeist, die knapp und reserviert wirkten. Ihre Kinder mieden den Blickkontakt, antworteten nur, wenn es sich nicht vermeiden ließ, und ließen mich stets wissen, dass meine Anwesenheit im besten Fall geduldet wurde. Anstatt einer Annäherung wurde ich zum Zaungast in meiner eigenen Partnerschaft. Die Distanz war so scharf, so deutlich, dass sie schmerzte wie ein körperlicher Stich. Sie ignorierten mich, ja, das war fast schlimmer als eine offene Ablehnung. Ich wurde einfach… ausgelöscht. Jeder Schritt, jedes Wort, das ich sprach, schien in die Leere zu fallen, und je mehr ich mich bemühte, desto kälter wurden sie, bis selbst meine eigenen Bemühungen mir wie ein makabres Schauspiel erschienen.

Ein besonders schmerzhafter Moment war der Besuch bei Marias Sohn, als sie sich in die Rolle der Großmutter fügte und ich als Begleiter neben ihr stand, wie ein Außenseiter, ein Fremder. Ihre Schwiegertochter war mir gegenüber höflich, aber spürbar abweisend, und es war, als schwebte ein unausgesprochenes Urteil im Raum, das mich stets auf Abstand hielt. Ich spürte die Spannung in der Luft, die unangenehme, dichte Schwere, die jede Begegnung mit den Kindern überschattete. Wir saßen an einem Tisch, der in dieser Familie so selbstverständlich zu sein schien, und doch fühlte ich mich dort fremd. Selbst Maria bemerkte es und konnte daran nichts ändern, obwohl ich spürte, dass sie es oft versuchte.

Es kam schließlich der Punkt, an dem Maria und ich ein offenes Gespräch führten. Wir saßen spätabends in unserer Küche, nur die Lampe über dem Tisch verbreitete ein warmes, gedämpftes Licht, und ich konnte die Sorge und die Traurigkeit in ihren Augen sehen, die sie sonst so gut verbarg. Ihre Kinder hatten ihr gesagt, "sie könnten nicht mit mir sprechen, mit mir nichts anfangen, dass sie mir nicht einmal oberflächliche Worte wie das Wetter widmen könnten". Ich wusste nicht, ob ich verletzt oder einfach resigniert sein sollte, denn diese Bemerkung legte eine bittere Wahrheit offen: Ihre Kinder wollten nicht, dass ich Teil ihres Lebens wurde.

Doch was Maria so hart traf, verletzte mich umso mehr. Sie, die versucht hatte, zwischen uns zu vermitteln, die mit einem unermüdlichen Engagement versuchte, ihre Familie zusammenzuführen, stand nun zwischen den Fronten. Ich wusste, dass sie versuchte, das Band zwischen mir und ihren Kindern zu knüpfen, aber die Kluft war zu groß, das Misstrauen zu tief verwurzelt. Es schien fast, als hätte die Vergangenheit, die Narben, die der selbst herbeigeführte Tod ihres

Vaters hinterlassen hatte, die unausgesprochenen Schuldgefühle, ein unsichtbares Netz aus Ablehnung um die Kinder gezogen, das niemand, nicht einmal Maria, durchbrechen konnte.

Jeder ihrer Besuche bei ihren Söhnen wurde für mich zu einer Erinnerung an meine eigene Fremdheit. Die Frage "Kommt Rainer nicht mit?", war nur eine leere Floskel, ein scheinheiliger Versuch, Normalität zu heucheln, der mir jedes Mal neu die Distanz vor Augen führte. Es war, als wäre ich nicht gewollt, eine Randfigur, die man höflich in der Peripherie duldete, solange sie sich nicht zu nahe wagte.

Und dann, nach Jahren des Bemühens, erkannte ich die grausame Wahrheit: Es gab keinen Weg, diese Mauer zu durchbrechen. Marias Kinder waren vielleicht zu sehr in ihrer eigenen Vergangenheit gefangen, in einer Erinnerung, die sie sich nicht nehmen lassen wollten. Sie sahen in mir eine Art Einbruch in ihre Vergangenheit, eine Bedrohung, die ihr verwundetes Herz weiter zerriss. Ich war nur ein Schatten in ihrer Gegenwart, jemand, der ungewollt in ihr Leben getreten war, den sie weder willkommen heißen noch verstehen wollten.

Die Leere in meinem Herzen wuchs. Es war nicht nur die Distanz zu Marias Kindern, die mir zu schaffen machte, sondern die Erkenntnis, dass all meine Bemühungen an einer unsichtbaren Grenze abprallten. In den stillen Stunden, wenn Maria und ich allein in unserem Haus saßen, wenn sie den Blick auf den Bildschirm richtete und ich die Worte suchte, die längst keine Brücken mehr schlagen konnten, fühlte ich, wie sich ein Teil von mir auflöste. Es war der Moment, an dem ich akzeptierte, dass manche Kämpfe nicht gewonnen werden können, dass manche Herzen für immer verschlossen bleiben. Und vielleicht, nur vielleicht, war das die letzte Lektion, die das Leben mir lehren wollte, eine Lektion in Loslassen und der Akzeptanz des Unabänderlichen.

Im Januar in den Jahren der Pandemie hatte Maria ihre Kinder zu einem verspäteten Weihnachtsessen eingeladen.

Es war ein grauer Samstagmorgen, als ich aufwachte und mich unwohl fühlte. Mein Kopf schmerzte, meine Nase war verstopft, und mein Hals fühlte sich rau und entzündet an. Ich hatte eine Erkältung, und das ausgerechnet an dem Tag, an dem Marias Kinder mit Familie, zu Besuch kommen sollte. Es war das erste Mal seit Monaten, dass sie vorbeikamen, und ich hatte mich darauf vorbereitet, trotz Spannungen einen schönen Tag für Maria zu verbringen. Doch als Maria mich im Wohnzimmer sitzen sah und meine verquollenen Augen erblickte, veränderte sich ihre Miene sofort.

"Du, du siehst schrecklich aus",

sagte sie besorgt.

"Du hast definitiv eine Erkältung oder gar Corona?"

Ich nickte und hustete leicht.

"Ja, ich fühle mich auch nicht gut. Aber ich denke, es wird trotzdem gehen."

Maria schüttelte den Kopf.

"Nein, das geht nicht. Meine Schwiegertochter hat Angst, sich anzustecken. Sie ist schwanger. Du musst heute im Bett bleiben und dich ausruhen. Ich werde mich um alles kümmern."

Ich fühlte mich getroffen. Natürlich verstand ich, dass niemand krank werden wollte, aber die Art und Weise, wie Maria es sagte, ließ mich wie ein unerwünschtes Hindernis fühlen.

"Aber ich wollte dabei sein. Wir könnten einfach Abstand halten und ..."

Maria unterbrach mich.

"Nein, Schatz. Es ist besser so. Du bleibst im Bett, und ich werde dir alles bringen, was du brauchst."

Ich sah ihr nach, als sie das Wohnzimmer verließ, und fühlte mich plötzlich sehr einsam. Der Tag zog sich endlos hin, und ich lag im Bett, hörte, wie Maria und ihre Schwiegertochter lachten und sich unterhielten, während ich von unserem Schlafzimmer aus, nur die gedämpften Geräusche hörte. Ich versuchte zu lesen, zu schlafen oder Fernsehen zu schauen, aber meine Gedanken wanderten immer wieder zu dem, was unten vor sich ging.

Die Erinnerungen an den Tag, als Maria mir sagte, ich solle im Bett bleiben, obwohl ich nur eine Erkältung hatte, nagten an mir. Es war nicht nur die Tatsache, dass ich nicht dabei sein durfte, sondern auch die Art und Weise, wie Maria mich behandelt hatte, als wäre ich ein "kranker Störfaktor", der aus dem Weg geräumt werden musste.

Am Abend wollte Maria mir etwas zum Essen bringen und setzte sich an den Rand des Bettes. "Wie geht es dir?"

fragte sie sanft.

"Besser", antwortete ich kurz und vermied ihren Blick.

Sie seufzte.

"Es tut mir leid. Ich weiß, dass es nicht schön ist, den ganzen Tag im Bett zu liegen, aber es war wirklich das Beste, wenn du dich ausruhst."

Er nickte, aber in mir brodelte es.

"Ich verstehe, antworte ich. Ich wollte nur nicht das Gefühl haben, dass ich im Weg bin."

Es war nicht meine ehrliche Antwort. Es war schlichtweg gelogen. Ich fühlte mich erneut ausgegrenzt.

Maria legte ihre Hand auf meine.

"Du bist nicht im Weg. Aber du musst verstehen, dass meine Schwiegertochter sehr ängstlich ist, was Krankheiten angeht. Sie hat eine schwache Immunabwehr, und eine Erkältung könnte für sie schlimmer verlaufen, glaubt sie."

Ich wusste, dass sie es gut meinte, aber der bittere Geschmack des Ausschlusses blieb.

"Ich weiß. Es ist jedoch schwer, sich so ausgeschlossen zu fühlen",

beruhigte ich Maria, aber das war nicht ehrlich von mir gemeint. Es war eine diplomatische Antwort, um das Thema zu beenden.

Die Wochen vergingen, und ich versuchte, das Ereignis zu vergessen, aber es nagte weiter an mir. Ich merkte, dass es nicht nur die Erkältung war, sondern eine tiefere Unsicherheit in unserer Beziehung. Maria war oft besorgt um ihre Kinder, obwohl sie schon mehr als erwachsen sind.

Eines Abends, als wir gemeinsam im Wohnzimmer saßen, beschloss ich, das Thema erneut anzusprechen.

"Maria, können wir über den Tag sprechen, als Michaela zu Besuch war und ich im Bett bleiben musste?"

Sie sah überrascht auf.

"Natürlich. Was möchtest du besprechen?"

"Ich habe das Gefühl, dass du mich damals wie ein Problem behandelt hast, das aus dem Weg geräumt werden musste und Deinen Kindern war das gerade recht",

begann er vorsichtig.

"Ich verstehe, dass du Deine Schwiegertochter schützen wolltest, aber es hat mich verletzt, weil ich ihnen vollkommen egal bin."

Maria nahm meine Hand und drückte sie.

"Du, das war nie meine Absicht. Ich wollte nur sicherstellen, dass meine Schwiegertochter gesund bleibt, wo sie doch schwanger ist. Aber ich sehe, wie das für dich gewesen sein muss, und es tut mir leid, dass du dich so gefühlt hast."

Ich nickte und spürte, wie Maria es meinte. Aber meine Verdrossenheit über diesen Tag blieb. "Ich möchte einfach nur Teil deines Lebens sein, nicht jemand, der nur am Rand steht."

Sie lächelte mich liebevoll an.

"Du bist ein wichtiger Teil meines Lebens. Ich werde in Zukunft besser darauf achten, dass du dich nicht ausgeschlossen fühlst. Es tut mir wirklich leid, wenn wir! Dir das Gefühl gegeben haben."

Die Aussprache half mir, einige der negativen Gefühle loszuwerden, aber die Erfahrung hatte eine tiefere Narbe hinterlassen. Ich begann, über meine Rolle in Marias Leben und unsere Beziehung nachzudenken. Ich liebte Maria, aber ich fragte mich immer öfter, ob unsere Unterschiede und die Prioritäten für unsere Kinder in unserem Leben zu groß waren, um sie zu überwinden.

Ein paar Monate später, als ihre Söhne, Holger, und Frank mit Familie, Maria wieder besuchten, suchte ich einen Vorwand nicht zu Hause sein zu müssen.

Es geht nicht nur darum, einbezogen zu werden, sagte ich mir selbst. Es geht darum, dass ich das Gefühl habe, dass unsere Unterschiede immer zwischen uns stehen. Ich will nicht nur geduldet werden, ich möchte wirklich Teil ihres Lebens sein. Und das hatten Ihre Söhne aus meiner Sicht ebenso zu respektieren und sich entsprechend zu verhalten.

Die folgenden Monate waren eine Herausforderung für mich und Maria. Wir arbeiteten hart daran, unsere Beziehung zu stärken und unsere Unterschiede zu überwinden. Ich bemühte mich, Marias Sorgen, um ihre Schwiegertochter zu verstehen, und respektierte ihre besondere Bindung. Maria wiederum achtete darauf, mich mehr einzubeziehen und mir zu zeigen, dass ich wichtig für sie war.

Eines Abends, als wir gemeinsam auf dem Sofa saßen, blickte Maria mich an und lächelte.

"Ich habe das Gefühl, dass wir auf einem guten Weg sind, ich. Danke, dass du so geduldig mit mir bist."

Ich lächelte zurück und zog sie in eine Umarmung.

"Ich liebe dich, Maria. Wir werden das schaffen, solange wir beide bereit sind, daran zu arbeiten."

Sie küsste mich sanft.

"Ich liebe dich auch, Schatz. Und ich bin bereit, alles zu tun, um sicherzustellen, dass du dich niemals ausgeschlossen fühlst."

Unsere Beziehung war nicht perfekt, und es gab immer noch Tage, an denen unsere Unterschiede zum Katzenjammer führten. Aber wir hatten gelernt, schweigend diese Stimmungen zu überstehen und trotzdem unsere Liebe füreinander zu stärken. Ich wusste, dass die Erinnerung an den Tag, an dem ich mich ausgeschlossen gefühlt hatte, nie ganz verschwinden würde. Aber ich wusste auch, dass ich es zu Gunsten unserer Beziehung verdrängen musste, und die nötigen Schritte zu unternehmen, um unsere Beziehung zu pflegen und zu wachsen.

Die Zeit verging. Eine spürbare, wenn auch nur ganz kleine, Distanz blieb.

Der Maiabend ein Jahr später, an dem ich mich entschieden hatte, unsere gelegentlichen Spannungen zwischen Maria und mir noch einmal offen anzusprechen, markierte tatsächlich einen Wendepunkt, vielleicht mehr für mich, als für sie. Als ich in ihre Augen sah und die unverkennbaren Tränen bemerkte, die im warmen Schein der untergehenden Sonne glitzerten, traf mich ein plötzliches Gefühl der Klarheit, das alles in mir aufwühlte. Unsere Beziehung, unser gemeinsames Leben, war für mich ein Anker geworden, und zugleich spürte ich die Risse im Fundament, Risse, die durch die unüberwindbaren Gegensätze zu ihrer Familie immer tiefer zu werden schienen.

In jener Nacht, auf dem Balkon unserer Ferienwohnung mit dem weiten Blick auf die stille Ria Formosa, fühlte ich eine Stille in uns, die nur manchmal unterbrochen wurde, wenn Maria meine Worte mit einem leichten Kopfschütteln abtat. Sie sah in die Ferne, als wäre etwas dort draußen, das sie besser verstand als alles, was ich ihr sagen konnte. Wir sprachen über unsere Kinder, über ihre Söhne und über die tiefe, kaum zu löschende Kluft, die sie von mir trennte. Ich schilderte ihr, wie die Worte ihres Sohnes mich jedes Mal trafen, wie Stiche, und wie ich jedes Mal, wenn ich abgewiesen oder gar ignoriert wurde, versuchte, die Fassung zu bewahren, um ihrer Liebe willen.

Sie hatte mich stets verteidigt und wollte doch selbst die Bindungen nicht gefährden. Ich verstand das. Auch sie hatte eine Geschichte, eine Art von Verantwortung für ihre Kinder, die ich oft nur aus der Distanz begreifen konnte, denn sie waren so erwachsen wie meine eigenen Söhne. Doch was mich am meisten schmerzte, war diese leise Verachtung, die sich in kleinen, oft harmlos wirkenden Gesten versteckte, die für Außenstehende unbedeutend, für mich jedoch ein ständiger Dorn im Herzen waren. Wir diskutierten lang, vielleicht zu lang, und die Worte zwischen uns wurden schärfer, bis Maria sich irgendwann auf dem Balkon zurückzog, die Stirn in tiefe Sorgenfalten gelegt.

"Warum kannst du das nicht einfach loslassen?"

fragte sie leise, fast resignierend, und in diesem Moment hatte ich das Gefühl, sie ebenfalls ein Stück weit verloren zu haben.

Am folgenden Morgen, als die Sonne die ersten Strahlen über das ruhige Meer warf, stellte ich fest, dass der Frühling in mir an einem tiefen Punkt angekommen war, einem Punkt, an dem auch die Schönheit des Augenblicks nicht mehr darüber hinwegtäuschen konnte, dass die Entfremdung allzu real war.

Dennoch gab es da diesen anderen Aspekt, ein wahrer Lichtstrahl im Schatten unserer Schwierigkeiten: Die Beziehung zwischen Maria und meinen Kindern. Es war eine Dynamik, die sich in eine völlig gegensätzliche Richtung entwickelt hatte, und das war es, was mir in dieser schwierigen Zeit Kraft gab. Maria, die in ihrer sanften und zurückhaltenden Art es irgendwie geschafft hatte, dass meine Kinder sie in ihren Herzen aufnahmen und umarmten, als wäre sie von Anfang an ein Teil ihrer Familie gewesen.

Geradezu rührend war es, wenn ich sah, wie mein jüngster Sohn ihr bei jedem Besuch sein kleines Baby in die Arme legte, so voller Vertrauen, wie man es nur zu einer geliebten Großmutter hätte. Es war, als ob all das, was sie mir oft nicht sagen konnte, in diesen kleinen Gesten lag, die sie meinen Kindern entgegenbrachte, bedingungslose Liebe, die keiner Erklärungen bedurfte, sondern einfach nur im Raum stand wie ein leuchtender Faden, der die Gebrochenheit meiner inneren Welt zusammenhielt.

Mit jedem Treffen festigte sich diese Bindung mehr. Sie wurden zu vertrauten Gefährten in unseren Alltagsfreuden und sie lachten, als wären alle Gräben zwischen den Generationen überwunden. Maria, die oft zurückhaltende Frau, die sich still und doch fest an meine Seite gestellt hatte, ließ ihren Schutzpanzer in diesen Momenten fallen und trat in das Herz meiner Familie, als gehörte sie von jeher dazu. Ich sah, wie meine Kinder das spürten und wie sie sich in ihrer Gegenwart öffneten. Sie teilten ihre Sorgen, Träume und auch die Geschichten aus ihrem Leben mit ihr, oft mit einer Wärme, die ich in mir trug, wenn ich an uns dachte.

Doch diese Nähe brachte auch die Schatten unserer Beziehung noch deutlicher zutage. So saß ich eines Abends allein, nach einem Tag, an dem meine Kinder abgereist waren und ich sie glücklich und voller Erinnerungen an die gemeinsamen Stunden mit Maria verabschiedet hatte. Sie fühlten sich in ihrer Nähe angekommen und verstanden, was mehr konnte ich mir für sie wünschen? Die Kälte und Ablehnung, die mir von Marias eigenen Kindern entgegenschlug, schmerzte dadurch aber umso mehr. War es wirklich eine gegensätzliche Weltanschauung, die Lebenswege, die sozialen Unterschiede oder die familiären Unglücke, die nicht zu überbrücken waren? Und warum war es gerade Maria, die meinen Kindern genau das entgegenbringen konnte, was ich mir von ihren Kindern so sehr wünschte: Respekt, Vertrautheit, gegenseitiges Einfühlen und Verstehen?

Wir verbrachten die Nacht damit, still nebeneinanderzuliegen, beide in Gedanken versunken, und ich spürte, wie die Differenzen um uns herum zu einem stillen Widerhall wurden, der über unser Leben schwebte, wie das Rauschen der Wellen an diesem portugiesischen Strand. Es war eine ferne, melancholische Melodie, ein Nachhall dessen, was hätte sein Können und vielleicht nie sein würde.

Ein Zerbrechen in Zärtlichkeit

Es war ein gewöhnlicher Abend, als wir gemeinsam auf unserer Couch lagen. Der kühle Winterwind strich sanft über die Fenster, während wir uns auf dem Sofa eingekuschelt hatten. Der Fernseher flimmerte leise im Hintergrund, aber ihre Gedanken schienen weit weg zu sein. Zwischen uns herrschte eine unausgesprochene seltsame Atmosphäre, die die Luft schwer machte.

Ich legte behutsam meinen Arm um Maria, in dem Bemühen, Nähe zu zeigen, mein Bedürfnis nach ihrem Körper zu stillen.

Doch bevor ich sie umarmen konnte, spürte ich, wie sie sich verspannte. Marias Körper spannte sich an, als ob meine Berührung sie verletzen würde.

"Fass mich nicht immer so an",

sagte sie, ihre Stimme fest und voller Verdruss.

Ich zog sofort meinen Arm zurück, als hätte ich mich verbrannt. Mein Herz schlug schneller, und mein Gefühl der Verwirrung überkam mich. Ich wollte meine Frau begehren, ihr nahe sein, aber meine Bemühungen schienen ins Gegenteil zu laufen.

Dieser Satz "Fass mich nicht immer so an" hing schwer in der Luft, und eine unangenehme

Stille breitete sich zwischen uns aus. Ich konnte den Ausdruck auf Marias Gesicht nicht sehen, da sie den Blick gesenkt hatte. Doch ich spürte ihre Entfremdung, ihre Distanz.

"Schatz, was ist los?", fragte ich schließlich, meine Stimme kaum lauter als ein Flüstern. "Warum reagierst du so?"

Marias Schultern zuckten leicht, bevor sie sich langsam aufrichtete und mich ansah und wiederholte:

"Fass mich nicht immer so an"!

In ihren Augen lag eine Mischung aus Traurigkeit und Frustration. "Es tut mir leid", begann sie, ihre Worte vorsichtig wählend.

"Aber in letzter Zeit fühle ich mich einfach so erdrückt von Dir, und ich möchte nicht so angefasst werden".

Ich spürte, wie ein Klumpen in meinem Magen entstand. Ich hatte nicht erwartet, dass ihre Emotionen, die Stimmung die zwischen ihren Söhnen, vermutlich noch mehr zwischen ihrer Schwiegertochter und mir, so tiefgehend waren.

"Ich verstehe",

murmelte ich, obwohl ich mir bewusst war, dass meine Worte kaum Trost spendeten, ich werde mich daran halten.

Die Atmosphäre um sie herum schien noch drückender zu werden, als ob die Spannung zwischen uns greifbar wäre. Ich konnte den Drang spüren, etwas zu sagen, irgendetwas, um die Leere zu füllen, aber ich fand keine Worte.

Schließlich erhob sich Maria vom Sofa und ging zum Fenster, ihre Gestalt von der Dunkelheit der Nacht umrahmt. Sie lehnte sich gegen den Rahmen und starrte hinaus in die Dunkelheit, als ob sie nach Antworten in den Sternen suchte.

Ich blieb sitzen, unfähig, mich zu rühren. Ich fühlte mich hilflos, als ob ich gegen eine unsichtbare Wand kämpfte. Die Kluft zwischen uns und unseren individuellen Bedürfnissen schien unüberwindbar, und ich wusste nicht, wie ich sie überbrücken sollte.

Die Stille zwischen uns dauerte an, jeder Moment gefüllt mit ungesagten Worten und unerklärlichen Emotionen. Keiner von uns brach das Schweigen.

"Ich liebe dich",

sagte ich zu ihr.

Maria wandte sich langsam von dem Fenster ab und sah mich an, ihre Augen glänzend im schwachen Licht. Für einen Moment schien es, als ob die Mauer zwischen uns ein wenig bröckelte, als ob wir einen winzigen Spalt in unserer Distanz fanden.

"Ich weiß",

antwortete sie leise, ein Hauch von Zärtlichkeit in ihrer Stimme.

"Ich liebte dich auch. Aber manchmal fühlt es sich einfach alles zu viel an."

Dann sagte sie "Gute Nacht" und ging ins Bett.

Ich nickte langsam, meine Gedanken wirbelten in meinem Kopf. Ich wusste, dass ihre Probleme nicht über Nacht gelöst werden konnten, aber ich war entschlossen, an unserer Beziehung zu arbeiten. Vielleicht würde es Zeit brauchen, vielleicht würden sie sich verirren, aber ich wusste, dass wir es gemeinsam schaffen konnten. Ihr Satz

"Ich liebte Dich",

in der Vergangenheitsform, fraß sich an diesem Abend in meine Gedanken.

Sachliche Romanze
Von Erich Kästner

Als sie einander acht Jahre kannten,
(und man darf sagen: sie kannten sich gut),
kam ihre Liebe plötzlich abhanden.
Wie andern Leuten ein Stock oder Hut.

Sie waren traurig, betrugen sich heiter,
versuchten Küsse, als ob nichts sei,
und sahen sich an und wussten nicht weiter.
Da weinte sie schließlich. Und er stand dabei.

Vom Fenster aus konnte man Schiffen winken.
Er sagte, es wäre schon Viertel nach vier,
und Zeit, irgendwo Kaffee zu trinken.
Nebenan übte ein Mensch Klavier.

Sie gingen ins kleinste Café am Ort,
und rührten in ihren Tassen.
Am Abend saßen sie immer noch dort.
Sie saßen allein, und sie sprachen kein Wort,
und konnten es einfach nicht fassen.

Der Abend, der mich zuerst wie eine Art Schockstarre umfing, ließ mich im Verlauf der Nacht allmählich spüren, wie die Realität ihre kalten Krallen in meine Seele versenkte. Maria, die mir inzwischen neun Jahre lang so nah war, meine Vertraute, meine Liebe, sie war fort. Nicht nur aus dem Raum, sondern gefühlt aus meinem Leben. Der Raum selbst schien das zu wissen. In einer schmerzhaften Klarheit sah ich all die Dinge, die wir geteilt hatten, die plötzlich wie Kulissen aus einer alten Inszenierung wirkten. Unser gemeinsames Leben, das ich als ein solides Fundament empfand, hatte sie längst verlassen, während ich ahnungslos weiter darauf gebaut hatte.

Es war in diesen stillen Stunden, als ich mich fragte: Wie konnte ich das nicht bemerken? Ich kannte Maria doch. Oder dachte es zumindest. Diese lange, versteckte Entscheidung, hatte sie wirklich Monate lang still in ihrem Inneren gegärt? Während ich ihre Hand gehalten und auf gemeinsame Träume gehofft hatte, hatte sie sich bereits in eine andere Richtung gewandt?

Meine Gedanken gingen unaufhörlich zurück zu all den Szenen der letzten Monate, wie ein Film, der immer wieder in die gleiche Schleife gerät. Hatte ich Hinweise übersehen? Da war zum Beispiel der Abend im Mai, als ich sie das

106

erste Mal gefragt hatte, was ihre Kinder so stark in ihre Gedanken drängte, weshalb sie, Maria, so anders war, wenn sie von ihnen zurückkam. Ihre Worte waren schneidend und direkt gewesen, und vielleicht war das der Moment gewesen, in dem sie sich endgültig entschlossen hatte, sich von mir abzuwenden. Es war der Augenblick, in dem sie mir erklärte, dass ihre Kinder mich nie akzeptieren würden. Dass es immer einen Graben zwischen uns geben würde. Ich hatte geglaubt, wir könnten diese Hindernisse überwinden. Ich hatte geglaubt, unsere Liebe wäre stark genug.

Aber in dieser kalten Nacht wurde mir klar, dass es nicht nur um ihre Kinder gegangen war. Der Kampf war bereits damals verloren gewesen. Unsere Welten, unsere Wurzeln, das Leben, das wir, bevor wir uns trafen, auf ganz unterschiedliche Weise gelebt hatten, all das hatte sie irgendwann später, viele Jahre später, plötzlich als unüberwindbar gesehen. Und das Schlimmste: Diese Einsicht hatte sie mit mir nicht geteilt.

Sie hatte sie in sich getragen, bis ihre Entscheidung so fest in ihr verankert war, dass ich keine Chance mehr hatte, dagegen anzukämpfen.

Wie ein Schatten ging ich durch das Haus, suchte Halt in den Gegenständen, in den Erinnerungen. Unsere nächste Portugalreise, die auf ihren Wunsch storniert worden war, ein weiterer

Hinweis, den ich als vorübergehenden Stimmungswandel interpretiert hatte. Die Gespräche, die zunehmend weniger wurden, ihre stummen Abwesenheiten, auch wenn sie körperlich da war, all das erschien mir jetzt wie Puzzleteile eines längst zusammengesetzten Bildes, das ich blind übersehen hatte.

Ich verbrachte die Nacht allein in unserem Schlafzimmer, in einer trostlosen Stille, die nur von den leisen Geräuschen des Hauses durchbrochen wurde. Maria zog sich in unser Gästezimmer zurück.

Der Gedanke, dass sie längst mit ihren Söhnen die Einzelheiten ihres Auszugs besprochen hatte, wie sie mir an diesem Abend sagte, nagte an mir.

Die Abende, die sie in ihren Gedanken bereits an einer anderen Stelle verbracht hatte, in einem neuen Zuhause, das ihr eine neue Umgebung versprach, die ich ihr wohl nicht mehr geben konnte.

Ich fragte mich, ob es jemals eine wirkliche Wahl für sie gegeben hatte. Oder war ich von Anfang an nur ein Teil einer Episode in ihrem Leben, eine Brücke, die sie überqueren musste, bis sie wieder festen Boden unter den Füßen hatte, nach dem Suizid ihres Mannes, den hinterlassenen Schulden, das Alleinsein in diesen schweren Jahren für Maria.

Die Erkenntnis traf mich tief und ließ meine

Gedanken in einem Strudel aus Schmerz und Ohnmacht versinken.

Als die ersten Sonnenstrahlen durch das Fenster fielen, war ich wie betäubt, in Gedanken verharrt und die Kälte der Nacht immer noch in mir spürend. Die Sonne schien mir zu sagen, dass das Leben weitergehen würde, nur nicht so, wie ich es mir vorgestellt hatte.

Mein letzter Brief an Maria

Ein neuer Anfang und alte Wunden ...

Der Spätsommer des Jahres 2015 versprach mehr als nur laue Abende und den Duft von reifen Äpfeln und verblassenden Rosen. Er versprach für uns beide eine Veränderung, die ich mir nicht einmal in meinen kühnsten Träumen hätte vorstellen können.

Im Tanzhaus, wo sich Menschen treffen, die das Leben im Tanz genießen, haben sich unsere Blicke gefunden, ein Augenblick, der mir jetzt wie das Schicksal selbst erscheint. Für mich war es wie ein Blitz aus heiterem Himmel, die Art Begegnung, die man nur einmal erlebt und die, wenn man ehrlich ist, meist nur in den Romanen und Gedichten vorkommt, die wir beide so lieben.

In den Wochen, die darauf folgten, wuchs meine Zuneigung zu dir in einem Tempo, das mir beinahe den Atem nahm. Jeder Tag brachte neue Facetten deiner Persönlichkeit ans Licht, und ich konnte es kaum glauben, dass wieder ich einen Menschen gefunden hatte, der mir in dieser Tiefe und Nähe begegnete. Es war nicht einfach nur Zuneigung, nein, es war eine unendliche Liebe, die alle Zweifel, alle Unsicherheiten einfach hinwegzufegen schien. Am 16. Dezember, nur wenige Monate nach unserem ersten Treffen, wagtest du den Schritt und fragtest mich:

"Darf ich zu dir ziehen?"
Unvergessen ist mir dieser Moment, nach einer wunderschönen Liebesnacht.

Diese Frage war wie ein Geschenk, nach dem ich unbewusst mein ganzes Leben lang gesucht hatte. Die zweite Chance in meinem Leben nach Snežanas Tod.

Meine Antwort kam ohne Zögern, ohne einen einzigen Gedanken an die Konsequenzen oder die Veränderungen, die damit einhergehen würden.

"Natürlich", sagte ich, "ich möchte es gerne".

In diesem Moment war alles andere nebensächlich, die Welt konnte sich ruhig weiterdrehen, so wie sie es wollte, denn für uns hatte eine neue Zeit begonnen.

Doch so einfach war es natürlich nicht, das war mir durchaus bewusst. Es gab nicht nur uns, sondern auch Menschen um uns herum, die mit unserem Glück und unseren Entscheidungen zurechtkommen mussten. Unsere Söhne und ihre Frauen.

Einer dieser Menschen war dein Sohn, Frank. Ich erinnere mich, wie du ihm von deinem Entschluss erzähltest. Seine Reaktion kam unerwartet, und es war eine kleine Enttäuschung, als er kühl und ohne einen weiteren Kommentar sagte, "zu früh, jetzt nicht". Wie sehr hatte ich mir gewünscht, er würde Dich verstehen, dich in deinem Wunsch unterstützen und mir zumindest die Chance geben, ihm zu zeigen, wer ich bin und was ich für dich empfinde.

Aber vielleicht hätte ich mir diesen Wunsch von Anfang an abschminken sollen. Frank und ich, wir waren und sind offensichtlich wie zwei Planeten, die um das gleiche Zentrum kreisen, aber auf völlig unterschiedlichen Umlaufbahnen. Er hatte mich nie getroffen, bisher noch kein Wort mit mir gewechselt, und doch ahnte ich bald, dass er mich nie als jemanden akzeptieren könnte, der an deiner Seite stand. Vielleicht war es der Schmerz über den Verlust seines Vaters, ein Schmerz, der durch dessen tragisches Ende in eine dunkle, unversöhnliche Abneigung gegenüber einem Mann an Deiner Seite umgeschlagen war. Ich wollte niemals erwarten, dass er mich als eine Art Ersatz akzeptieren würde; das wäre vermessen und unfair gewesen.

Aber ich hätte zumindest erwartet, dass wir miteinander sprechen könnten, er seiner Mutter eine Chance für eine neue Partnerschaft gäbe. Ich wollte ihm zeigen, dass ich nicht in dein Leben getreten war, um jemand anderen zu ersetzen oder seinen Vater zu verdrängen. Sein Vater war schon 5 Jahre tot. Ich wollte ihm zeigen, dass ich dich einfach nur liebte, dass ich für dich da sein wollte, dass wir beide, du und ich, ein Recht auf Glück hatten. Doch diese Möglichkeit wurde mir von Anfang an in Frage gestellt. Jedes "Hallo Rainer" von ihm war wie ein schweigender Vorwurf, eine Mauer, die er um sich herum errichtet hatte und die sich mit jedem Tag höher zu türmen schien.

Ich erinnere mich an die Momente, in denen wir alle im selben Raum waren, die Stille war fast ohrenbetäubend. Er sprach kein einziges Wort zu mir, nur zu Dir oder zu seiner Freundin und auch, dann als sie seine spätere Ehefrau war, zeigte sie mir gegenüber dieselbe eisige Höflichkeit. Es war, als hätte man mir unsichtbare Ketten angelegt, die jede Annäherung, jedes Gespräch unmöglich machten. Vielleicht hätten wir ihm mehr Zeit geben sollen, vielleicht hätte ich kämpfen sollen, um durch diese Wand aus Schweigen und Misstrauen hindurchzudringen. Doch wie? Wie sollte man jemanden erreichen, der sich in seinem Schmerz, über seine alte, jedoch zerstörte Familienidylle verbarrikadiert und jede ausgestreckte Hand mit einem wortlosen, kalten Blick abwehrt?

Mit der Zeit gewöhnte ich mich an diese eisige Stille. Aber der Schmerz darüber, dass ich dir nie das Glück geben konnte, das du verdient hättest, das war eine Wunde, die nie ganz verheilte.

Du sagtest einst, "Wir leben unser Leben, und unsere Söhne ihres", eine einfache Weisheit, die wie ein Balsam auf all das Unausgesprochene wirken sollte. Anfangs klang es so klar und unmissverständlich. Ja, warum sollten wir nicht einfach unser Glück finden und unser gemeinsames Leben leben, ohne auf die Schatten anderer zu achten? Und genau das taten wir zunächst: Wir lebten das Leben, das wir uns ersehnt hatten, und reisten durch die Welt, verloren uns im Takt des Tanzes, wanderten durch die schönsten Landschaften und feierten unsere Liebe in all ihren Facetten. Es war, wie du sagtest, das Leben eines Paares in seiner reinsten und schönsten Form. Sieben Jahre.

Diese Erinnerungen sind nicht nur fest in meinem Gedächtnis, sondern in mein Herz eingebrannt. Ich sehe uns dort noch immer – jenes leise Erwachen in New York, das Sonnenlicht, das sich durch die Wolkenkratzer bricht und den Raum in ein sanftes, gedämpftes Licht taucht. Der Blick durchs Fenster, das Empire State Building im Schneegestöber, und wir, engumschlungen, unser Liebesspiel genießend, die

Hektik der Stadt draußen, aber hier drinnen nichts außer uns, einem leisen Atemzug und einer wortlosen Verbindung, die über jeden Zweifel erhaben ist.

Oder diese Nacht in Jordanien – Petra, die Schlucht und das Schatzhaus von unzähligen Kerzen in eine unwirkliche, fast sakrale Stille getaucht war. Und dann plötzlich dazu die klassische Musik. Es war, als hätte die Wüste uns ihre Geheimnisse anvertraut, und wir wandelten durch die Schatten und das Flackern der Flammen durch die Schlucht, als seien wir die einzigen Menschen auf Erden. Die alte Nekropole um uns herum wirkte fast lebendig, voller uralter Geschichten, und doch waren es deine Augen, in die ich blickte, Deine Hand, die ich spürte, Deine Lippen, die ich fühlte, die mich am tiefsten in den Bann zogen. Und später, als wir in der Stille dieser Nacht uns engumschlungen liebten, war es, als würde die Welt für uns innehalten, ein Moment, der für immer bleibt, eingraviert in meinem Gedächtnis.

Diese Erinnerungen sind wie Anker in einer Zeit, die sich unaufhaltsam bewegt, und ich halte sie fest, weil sie uns zeigen, wie groß unsere Liebe war.

Unser gemeinsames Leben war wie eine Reise durch die unendlichen Facetten der Liebe. Es war eine Entdeckungsreise, die uns nicht nur durch die Städte führte, die wir besuchten, Porto und Lissabon, wo das Meer wie ein ruhiger Begleiter unsere Schritte säumte; Amsterdam, mit seinen Grachten, Sankt Petersburg, wo Geschichte und Geheimnis auf uns niederfielen wie das dichte Winterlicht; New York und sein schier endloser Puls, der sich in uns fortsetzte. Dresden, mit seiner barocken Pracht, und Berlin, unser Treffpunkt von Vergangenheit und Neuanfang. Rom, die Ewige Stadt, Salamanca, Nantes, Hamburg, das kalabrische Pizzo, wo wir das beste Tartufo der Welt fanden, das stolze Prag und Leipzig, all diese Orte trugen ein Stück unserer Geschichte in sich. Aber die Städte waren letztlich nur Bühnenbilder, auf denen sich das eigentliche Drama unseres Lebens und unserer Liebe abspielte.

Dann kam die Pandemie, ein weltumspannendes Ereignis, das viele Paare auf die Probe stellte. Für uns, dachten wir, würde es keinen Unterschied machen, wir hatten uns und zogen uns in die Stille des Augenblicks zurück, während die Welt draußen in Aufruhr war. Doch wie es oft so ist, wenn man meint, dass die äußeren Umstände einem nichts anhaben können, so waren es die kleinen, fast unsichtbaren Risse, die sich plötzlich zeigten und langsam zu tiefen Gräben wurden.

"Ich tanze nicht mehr wegen Michaela", sagtest du eines Abends in einem Ton, der keinen Widerspruch duldete. Es ging dir um Deine Familie, um Michaela, Deine Schwiegertochter, die in ihrer zweiten Schwangerschaft die Pandemie wie eine unsichtbare Bedrohung empfand und dich!, nicht uns, bat, auf "unsere" gemeinsamen Tanzabende zu verzichten.

"Sie hat solche Angst",

fügtest du hinzu, und ich sah, wie sehr Dich diese Sorge belastete, wie sehr du Dich auf dein neues Enkelkind freuen wolltest, ohne dir dabei Sorgen, um seine Gesundheit machen zu müssen. Wir ließen den Tanz sein, obwohl er dich immer mit einer tiefen Freude erfüllt hatte.

Auch wenn du nach außen hin Ruhe bewahrtest,
spürte ich, dass du innerlich gerungen hast.

Ich verzichtete auf eines meiner "Lebens-
ziele": auf den "Ball in der Wiener Hofburg",
um noch einmal mit Dir auf "Sissi's Parkett" zu
tanzen.

Dieser Verzicht nahm mir die Lust am
Tanzen für immer.

Aber das war nicht alles. Ein schwerwie-
gender Schlag folgte, den ich kommen sah, aber
gegen den ich nichts tun konnte: Michaela und
ihre Familie kamen nicht mehr, um uns zu
besuchen. Sie blieben fern, hielten Abstand, so
wie es die Pandemie und die Vorsicht gegenüber
der neuen, zerbrechlichen Seele in ihrem Leben
verlangten. Aber die Leere, die sie hinterließen,
war für dich schmerzlich spürbar. Die Räume
unseres Hauses, die wir einst mit Lachen und
Gesprächen gefüllt hatten, wurden stiller. Du
wartetest vergeblich auf Besuche, die nie kamen,
und wenn ich alleine verreist war, um meinem
Hobby der Fotografie nachzugehen, schienen sie
für kurze Zeit ihr Unbehagen fallenzulassen
und zu dir zu kommen, doch immer nur dann.

Jeder Besuch, den sie in meiner Abwesenheit machten, schien eine kleine Wunde in dir zu hinterlassen, eine Wunde, die nicht blutete, aber doch spürbar war, eine stille Verbitterung, die sich in deinen Blicken, in deinem Schweigen und in deinen Berührungen manifestierte. Ich spürte, wie diese Verbitterung wie eine dunkle Wolke über unserer Beziehung hing, wie sie langsam und unaufhaltsam unsere Nähe veränderte, unser Zusammensein beschattete.

Und dann, eines Tages, sagtest du es einfach: "Ich will nicht mehr so oft Sex".

Deine Worte nahmen mir den Atem. Es war wie ein kulter Luftzug, der durch mein Arbeitszimmer zog und alles erstarren ließ. Noch ein Jahr zuvor hattest du nach einem gemeinsamen Morgen im Bett gelacht, dich zu mir gedreht und gesagt:

"Ich hoffe, das wird immer so bleiben".

Doch nun stand die Frage im Raum, die ich mir, so oft ich auch darüber nachdachte, nicht beantworten konnte: Was hatte diese Veränderung bewirkt? Was hatte zwischen uns Einzug gehalten, das uns die zärtliche, fast jugendliche Freude aneinander genommen hatte?

Ich dachte viel darüber nach, lag oft in schlaflosen Nächten wach und ließ die letzten Monate und Jahre unserer Beziehung an mir vorbeiziehen, auf der Suche nach einer Antwort, die mir Klarheit bringen könnte. War es die Pandemie? War es einfach die Sorge um Michaela und das neue Leben, das sie erwartete? Oder war es der Schatten, den dein Sohn wie eine unsichtbare Barriere zwischen uns stellte, indem er mir nie die Hand reichte, mich nie in deiner und seiner Familie willkommen hieß?

Ich begann, zu verstehen, dass all diese Dinge zusammenkamen, um einen unsichtbaren Riss in unsere Beziehung zu treiben.

Die angestaute Verbitterung, die Sehnsucht nach deinen Enkelkindern, nach einem Gefühl von Familie, das dir in meinem Haus versagt blieb, all das konnte ich dir nicht geben. Es war, als würdest du eine Antwort in mir suchen, eine Art Ausgleich, den ich dir nicht bieten konnte. Und so wurden unsere Tage stiller, die Abende in ein sanftes, aber spürbares Schweigen getaucht, das manchmal von einem unbestimmten Gefühl der Traurigkeit durchbrochen wurde.

Doch was mich am meisten erschütterte, war die Art und Weise, wie du begannst, mir Nähe zu entziehen, so, als würdest du mich für etwas bestrafen, das ich nie kontrollieren oder ändern konnte. Vielleicht, denke ich heute, vielleicht war es der stille Vorwurf, dass ich nicht Teil deiner Familie war, die dir so wichtig war, dass ich trotz meiner Liebe zu dir immer nur ein Gast bleiben würde, ein Außenseiter, der in diesen schwierigen Zeiten nicht das Fundament bieten konnte, das du gesucht hast.

Der Gedanke daran, dass unsere Liebe, die einst so lebendig, so stark war, nun durch äußere Umstände und unausgesprochene Vorwürfe überschattet wurde, hinterließ in mir einen Schmerz, den ich nur schwer in Worte fassen konnte. Wir lebten weiterhin zusammen, doch die Freude, die wir einst daran hatten, die Reisen und Momente, die uns beflügelten, schienen weiter und weiter zurückzuliegen. Ich *konnte nichts tun, als in stiller Verzweiflung danebenstehen und zusehen, wie der Glanz, der uns einst so hell erleuchtet hatte, langsam verblasste.*

Die Vorbereitung des Abschieds ...

Die zweieinhalb Jahre des Liebesentzugs waren wie eine stille Tortur, eine unaufhörliche Folter, die sich durch unsere gemeinsamen Tage zog und alles erstickte, was einst lebendig und erfüllt gewesen war. Ich lebte mit der Hoffnung, dass es nur eine Phase war, eine vorübergehende Müdigkeit, vielleicht der Stress des Lebens in einer zunehmend distanzierten Welt. Ich klammerte mich daran, dass das Verlangen und die Nähe irgendwann zurückkehren würden, dass wir wieder zueinanderfinden würden – körperlich, seelisch, vollständig. Doch mit jedem Monat, der verging, wurde mein Glaube auf eine harte Probe gestellt, und trotzdem blieb ein kleiner Funken, ein leises Flüstern der Hoffnung, das mich durch diese endlose Wartezeit trug.

Erst, als du mir eines Abends fast beiläufig, nur weil ich das Thema "Unsere Beziehung" angesprochen hatte, eröffnetest, dass du gehen würdest, dass du mich verlassen und in die Nähe deines Sohnes Frank ziehen würdest, begriff ich die Wahrheit, die ich so lange nicht hatte sehen wollen.

"Er hilft mir schon bei der Wohnungssuche", sagtest du und mit diesen Worten fiel der Schleier, der mir bis dahin noch das ganze Ausmaß der Situation verborgen hatte. Die langen Monate der Distanziertheit, das stetige Schrumpfen der Berührungspunkte, die uns einst so eng miteinander verbunden hatten, waren keine zufällige Entwicklung, keine Phase, die wir einfach nur überstehen mussten. Nein, sie waren der schmerzhafte und kalkulierte Weg zu einem Abschied, der längst in dir gereift war, während ich noch hoffte.

Diese Erkenntnis traf mich mit einer Härte, die mir die Sprache verschlug. Mir wurde klar, dass ich zweieinhalb Jahre an einer Illusion festgehalten hatte, dass die Distanz zwischen uns nicht bloß eine Laune der Umstände war, sondern ein stummer Abschied. Ein Abschied, der in jeder verpassten Berührung, jedem abgewiesenen Kuss, und ich habe sehr wohl wahrgenommen, dass Du meinen Küssen zunehmend ausgewichen bist, jedem ausweichenden Blick seine Wurzeln fand. Es war nicht die Ungewissheit einer kriselnden Beziehung gewesen, die uns entzweit hatte, es war dein schleichender Entschluss, ein stilles Loslassen, das über die Monate Gestalt annahm und das du, ob bewusst oder unbewusst, als einen kaum wahrnehmbaren Rückzug in unser Leben eingebaut hattest.

Als du mir dann offenbartest, dass dieser Entschluss bereits seit sechs Monaten in dir gereift war, brach etwas in mir. Die Reisen, die wir in diesen Monaten unternommen hatten, die Ausflüge, die ich für uns beide organisiert hatte, wie die Tage am Gardasee mit meinem Sohn und meiner Schwiegertochter, die sich liebevoll um dich kümmerten, damit du dich willkommen fühltest, oder die Tour nach Kroatien, wo wir uns der Schönheit der Landschaft und dem Leben hingaben, als gäbe es keine

Schatten, all das erschien mir plötzlich wie eine Täuschung. All die Augenblicke, die mir wie neue Verbindungen vorgekommen waren, als würden wir einen Faden aufnehmen, den wir fast verloren hatten, waren offenbar nur ein Teil deines Abschiedsrituals. Und das Gefühl, betrogen worden zu sein, nicht um die Treue, sondern um die Wahrheit, ließ mich in eine Leere stürzen, die ich bis dahin nicht gekannt hatte.

Ich fühlte mich betrogen um die Momente, die ich mit dir geteilt hatte, und betrogen um die Hoffnung, die du mir genährt hattest, obwohl du schon lange wusstest, dass sie vergebens war. Die Nähe, die du mir vorenthieltst, wurde zur endgültigen Waffe des Abschieds. Deine Worte hallen noch immer in meinem Kopf:

"Mein Entschluss steht schon seit sechs Monaten fest".

Sechs Monate lang hatte ich an etwas festgehalten, das für dich längst Geschichte war. Und diese sechs Monate in der Schwebe, dieses ungewisse, leere Warten, schienen plötzlich die grausamste Form der Trennung zu sein, ein *schleichender Entzug von allem, was wir geteilt hatten.*

Es war, als hätte ich in diesen zweieinhalb Jahren versucht, ein Feuer zu schüren, das du bereits erlöschen sehen wolltest. Während ich die Glut mit meiner Kraft am Leben hielt, hattest du längst entschieden, dass die Flammen, die uns einst verbunden hatten, zu nichts Weiterem mehr taugen würden als zu einem fahlen Licht, das den Weg nach draußen beleuchtet. Doch du hieltst den Entschluss zurück, und damit hieltst du mich fest, ließt mich in einer Welt leben, die längst die Farbe und Wärme verlor, die sie einst für uns hatte.

Was blieb, war das schmerzhafte Verständnis, dass wir diesen langen Abschied in zwei völlig unterschiedlichen Welten erlebt hatten. Während ich glaubte, wir würden gemeinsam an einem Ende kämpfen, hattest du dich schon auf den Weg gemacht, fort von uns, fort von den Erinnerungen und den Versprechen, die wir uns einst gegeben hatten. Du wolltest zurück zu "Deiner Familie" die Dich in all den Jahren links liegenließ, Deine Geschwister, ihre Partner und Partnerinnen, Deine Söhne, mit Ausnahme eines Bruders.

Fragmente des Abschieds ...

Als du mir schließlich deine Argumente für das Ende unserer Beziehung vorbrachtest, spürte ich, wie wenig sie eigentlich mit uns zu tun hatten. Es waren Rechtfertigungen, die mehr nach einem tiefen Sehnen klangen, einer Sehnsucht, die ich nie stillen konnte, und die, so schien es, auch jetzt über uns hinausging. Ein Teil deiner Argumente entsprang diesem unstillbaren Wunsch nach Zugehörigkeit, nach Familie, die dich umgibt, und ich verstehe ihn gut. Du warst immer diejenige, die von der Nähe zu anderen geträumt hatte, eine Nähe, die wir dir nur einseitig bieten konnten, weil du "deine Familie" um dich haben wolltest.

Aber gleichzeitig hatte ich das Gefühl, dass ein großer Teil deiner Worte nur Konstrukte waren, eine Art lose zusammengesetzte Rechtfertigung für ein Ende, das längst in dir beschlossen war.

"Sie fühlen sich hier nicht wohl",

sagtest du einmal,

"weil es nicht unser gemeinsames Haus ist".

Doch dieses Argument, so oft du es auch wiederholtest, klang für mich immer wie eine leere Hülle, ein Scheinargument, das nicht den Kern der Dinge traf. Denn war es nicht so, dass auch in einem gemeinsamen Zuhause immer ein Stück von dem gefehlt hätte, was du dir ersehnt hast? Deine neue Wohnung, in der du nun deinen Neuanfang wagst, ist auch nicht dein Eigentum. Es war nicht der Raum, der dir fehlte, es war die Bindung, die Verbindung zu einer Familie, die du stets im Herzen gesucht hattest.

Deine Familie, die Brüder und die Schwestern, die dich zwar verbanden, aber dennoch so fern geblieben waren, dass sie uns nie besuchten, die nie ein Anruf oder eine Nachricht hinterließen, außer den gelegentlichen, Telefonaten deiner einen Schwester, das war der stumme Schatten, der immer wieder auf unsere Beziehung fiel. Diese Schwester, die einzige, die ab und an den Weg zu dir fand, kam auch nur mit einer gewissen Distanz und nahm dich, wie du warst, ohne wirklich zu fragen, was du in deinem Innersten fühltest. Deine Schwägerin, die über Jahre den Kontakt gemieden hatte, weil du nicht das Verständnis für ihren Hund aufbrachtest, das sie erwartet hatte, eine Kleinigkeit, die sich wie ein unüberwindbares Hindernis zwischen euch stellte. Jahrelang begrenzte sich ihr Kontakt zu dir auf Whatsapp-Nachrichten und kurze Telefonate, in denen sie lediglich ihre eigenen Probleme besprach.

Und deine Söhne, sie waren immer eine Welt für sich, eine Sphäre, in die ich nie wirklich vorgedrungen bin. Frank, dein jüngerer Sohn, der sich immer verschlossen hielt, hatte keinen Raum in seinem Leben für mich. Nicht ein einziges Mal wählte er die Festnetznummer in unserem Haus, nicht einmal, weil die Möglichkeit bestand, dass ich an das Telefon gehen könnte. Eine Mauer aus Schweigen, die er um sich errichtet hatte, die auch in den schwierigsten Momenten nicht bröckelte. Bei einer schlimmen Situation mit dir hätte ich ihn nicht einmal erreichen können, und diese Lücke in der Verbindung, dieses Vermeiden, ließ mich nie zweifeln, dass ich für ihn ein Fremder bleiben sollte, gewollt oder ungewollt, es machte keinen Unterschied.

War es wirklich das Haus, das für Frank und die anderen Familienmitglieder die Distanz zu uns erschuf? Oder war es vielmehr eine emotionale Distanz, ein Schatten, der auch in deinem neuen Zuhause nicht verschwinden würde? War es eine Entschuldigung, eine Erklärung, die leichter zu akzeptieren war als die Wahrheit, dass dich weder der Ort noch ich zu dem machen konnte, was du für sie sein wolltest?

Selbst jetzt, in deiner neuen Wohnung, bleibt diese Distanz vermutlich bestehen. Der Raum hat sich geändert, aber die Frage bleibt: War es wirklich das Haus, das dich zu dieser Entscheidung drängte?

Ich erinnere mich an die Momente, in denen wir über unsere Zukunft sprachen, über das, was wir gemeinsam schaffen könnten, und auch an die Momente, in denen du mir deinen Schmerz über die Distanz zu deiner Familie offenbartest. Diese Distanz blieb ein unsichtbarer Begleiter in unserer Beziehung, ein stummer Gast, der unsere Abende und unsere Gespräche in den letzten Jahren mit einem ungesagten Bedauern füllte. Vielleicht hast du diesen Abschied schon lange in dir vorbereitet, nicht aus Berechnung, sondern aus einer stillen Enttäuschung, die du in dir trugst, weil das, was du dir ersehnt hast, nie wirklich greifbar wurde. Und doch fühlte sich der Moment, in dem du mir dein Verlangen nach einem neuen Leben offenbartest, wie eine tiefere, unterschwellige Abrechnung an, eine Abrechnung, bei der ich die Schuld nie verstehen konnte und doch spürte, dass sie sich gegen mich richtete. Vielleicht war es sogar die Abrechnung mit Deinem Ehemann, der er sich entzogen hatte, die Du bei mir nachholtest.

Deine Worte, dass du diesen Entschluss bereits seit sechs Monaten gefasst hattest, rissen die Illusion unserer letzten gemeinsamen Reisen und Momente endgültig auseinander. Es war, als hätte ich in diesen letzten Monaten gegen einen unsichtbaren Gegner gekämpft, einen Gegner, der keine Gestalt hatte, den ich nicht greifen oder besiegen konnte, weil er längst in deinem Inneren wohnte. Während ich dachte, dass wir noch an uns arbeiteten, dass wir uns in diesen Momenten noch fanden, lebtest du bereits in einer Zukunft, in der ich keinen Platz mehr hatte. Und diese Erkenntnis, dass die gemeinsamen Augenblicke der letzten Monate nur Teil eines geplanten Abschieds waren, hinterließ eine Leere in mir, die ich bis heute nicht füllen kann.

Die Distanz, die du geschaffen hast, die Abwesenheit von Berührungen und die ungesagten Worte, waren deine Art, dich von mir zu lösen, Schritt für Schritt, bis du bereit warst, den finalen Schritt zu gehen. Ich blieb zurück, mit den Erinnerungen an all das, was wir teilten, und der Frage, ob du mich jemals wirklich in dein Leben eingelassen hattest, oder ob ich immer nur ein Gast, als Ersatz Deiner Familie, in deinem Herzen geblieben war, ein Teil deines Lebens, den du irgendwann ohne großen Verlust zurücklassen konntest.

Jetzt, da du gegangen bist, bleibt mir nur die Erkenntnis, dass unsere Liebe für dich irgendwann zur Bürde wurde, ein Konstrukt, das du aufrechterhieltest, bis du den Mut fandest, es endgültig zu verlassen.

Was bleibt, wenn die Liebe geht?...

Kannst du dir nur vorstellen, was du in meiner Seele hinterlassen hast, ein Brandherd, der sich von einem zarten Flammenkorn zu einem verzehrenden Feuer entwickelt hat, das mein Innerstes vernarbt und aufwühlt. Ich hatte ein Leben mit dir geplant, ein unendliches Leben, das keine Abschiede kannte, in dem wir nur vorwärtsgingen, Seite an Seite, bis zum letzten Atemzug. Der Schmerz, der nach deinem Fortgang blieb, gleicht einem unstillbaren Hunger, einem Verlangen, das nirgendwo hin-führt, nur tiefer und tiefer in die Leere, die du zurückgelassen hast.

Dein Versuch, mir Trost zu spenden – so empfandest du es vielleicht, blieb wie ein bitterer Zynismus in mir hängen:
"Vielleicht findest du jemanden, der Dein Bedürfnis nach Erotik erfüllen kann",

sagtest du, als sei das ein Rat, den man so einfach hinnehmen könnte, eine Lösung, die man nach Belieben ergreift, als fiele die Liebe wie ein Blatt vom Baum und landete in den Händen einer anderen.

Aber mit über 70 Jahren noch einmal loszuziehen, mir eine neue Gefährtin zu suchen, wie könnte ich? Sollte ich an der Kasse im Supermarkt die Frauen ansprechen, die mit zitternden Händen nach Münzen suchen, und sie fragen, ob sie bereit sind, noch einmal das Feuer der Leidenschaft zu spüren, so wie wir es einst taten?

Du sagtest, die Erotik sei für dich nie natürlich gewesen, als hättest du sie nie wirklich verstanden, als wäre sie eine fremde Kunst, die du nie zu meistern gelernt hast. Vielleicht hattest du recht, vielleicht war das Verlangen nach körperlicher Nähe und Hingabe für dich immer eine Disziplin, ein Tanz, der dich nicht immer begeisterte. Du sprachst davon, wie Deine Stiefmutter "Gretchen" dir einst als junge Frau sagte:

"Glaube nicht, dass das Spaß macht",

und ich frage mich, ob diese Worte wie ein Schatten dein Leben durchzogen, wie ein unsichtbares Fesseln, das dich all die Jahre begleitet hat, bis es eines Tages ganz unerwartet zurückkam und dich an all das erinnerte, was du einst gelernt hattest, von dem du dich vielleicht nie ganz lösen konntest.

Oder ob es nur ein für Dich passender Vorwand war?

Doch die Frau, die ich liebte, die Frau, die du für mich sieben Jahre lang warst, war nicht diese kühle Abgeklärtheit, die sich nun in deinen Worten zeigte. Du warst erfüllt von Leidenschaft und Hingabe, hast das Leben genossen und mir das Gefühl gegeben, dass unsere Liebe ein unerschöpflicher Quell des Glücks und der Freude war. Du warst diejenige, die das Verlangen suchte, die Nähe wollte, wann immer es möglich war, die Augen schloss und mich in ihre Arme nahm, als gäbe es kein Morgen. Und jetzt sagst du mir, ich solle mich woanders umsehen, mir eine andere Frau suchen, die mir das geben kann, was ich bei dir verloren habe? Wie konnte sich all das, was uns verband, so völlig auflösen, so sehr, dass du glaubst, ich könnte das Feuer unserer Liebe einfach auf eine andere übertragen?

Es schmerzt, zu begreifen, dass deine Entscheidung, diese Isolation zu durchbrechen, tiefer reicht, als ich zunächst verstand. Deine "Familie", es sind nicht nur deine Söhne, deine Enkel, es sind nicht nur die entfernten Geschwister, die dir selten bis nie eine echte Nähe boten, und doch empfindest du dich als an sie gebunden, als sei diese Gemeinschaft das Fundament deines Lebens. Seit du bei mir lebtest, dachtest du mehr und mehr an die Bande, die dich mit ihnen verbindet, und vielleicht war es diese Isolation, die du fühltest, die dich innerlich von mir entfernte, während ich immer noch glaubte, dass wir beide gegen die Welt zusammenstanden.

Dass du nach Aachen gehst, um diese Isolation zu brechen, empfinde ich wie einen Dolchstoß. Du flüchtest in ein "Zuhause", dass dir die Nähe verspricht, die ich dir nicht mehr geben konnte, eine Nähe, die dir Ruhe bringen soll, weil sie aus der Vergangenheit stammt, weil sie aus den gleichen Wurzeln gewachsen ist. Ich blieb hier, in diesem Haus voller Erinnerungen, und du glaubst vielleicht, dass ich einfach weitermachen kann, dass die Einsamkeit, die du hinterlässt, eine Leere ist, die die Zeit mit der Rückkehr anderer Begegnungen füllen wird. Doch dieses Haus wird nie wieder das Gleiche sein, und ich werde nie mehr der Gleiche sein, der ich an deiner Seite war.

Jede Ecke in unserem Zuhause erinnert an die Augenblicke, die wir geteilt haben, von den strahlenden Morgen, an denen ich deinen ersten Blick erhaschte, bis zu den stillen Abenden, in denen wir gemeinsam das Schweigen genossen, weil Worte überflüssig waren. Und nun, da du fortgegangen bist, da du dein Leben neu definierst, weiß ich nicht, wie ich es schaffen soll, all diese Momente in eine Erinnerung zu verwandeln, die mich nicht täglich zerreißt.

Zufällig hörte ich Deinem Telefonat mit Deiner besten Freundin zu, und Du sagtest ihr:

"Rainer leidet jetzt unter einem Tremor der rechten Hand, seine Nerven wurden durch meine Entscheidung krank, aber ich kann und will ihm nicht helfen. Vielleicht geht es wieder

vorbei, vielleicht bleibt es auch für immer".
Mein Herz gefror zu Eis.

Du glaubst, dass du mir Trost gespendet hast, indem du mir einen Ausweg aufzeigtest, doch dieser Weg ist für mich eine Einbahnstraße ins Nichts. Es gibt keine andere Frau, die das in mir ausfüllen könnte, was du hinterlassen hast. Meine Liebe war kein Mantel, den man ablegen und durch einen neuen ersetzen kann, sie war das Herz meines Lebens, der Atem meiner Tage. Dein Schritt, dich von mir abzuwenden, ist ein Abschied, den ich spüre, wie das letzte Beben eines Erdbebens, das alles zerstört, was ich mit Dir aufgebaut habe.

Wenn du in Aachen ankommst, wirst du dort vielleicht das finden, was du hier nicht mehr gesucht hast: die Bestätigung, dass die Wurzeln unserer Vergangenheit immer da sind, immer bereit, uns Halt zu geben, wenn die Gegenwart uns zu entgleiten droht.

Doch mir bleibt nichts außer der Einsicht, dass unsere Liebe nur eine vorübergehende Heimat war, ein Ort, der irgendwann in sich zusammenfiel, weil die Fundamente nicht ausreichten, um all das zu tragen, was wir hinein-

legten.

Du hast eine Leere in mir zurückgelassen, die ich nicht ausfüllen kann, und mit deinem Abschied hast du meine Welt in eine Dunkelheit getaucht, die sich mit nichts erhellen lässt. Dein Schritt fort von mir ist ein Schnitt durch mein Leben, ein Riss, der für immer bleiben wird, weil du das Einzige warst, das mir je das Gefühl gab, wirklich zu Hause zu sein.

In Liebe Rainer

Stufen

Wie jede Blüte welkt und jede Jugend,
Dem Alter weicht, blüht jede Lebensstufe,
Blüht jede Weisheit auch und jede Tugend,
Zu ihrer Zeit und darf nicht ewig dauern.
Es muss das Herz bei jedem Lebensrufe,
Bereit zum Abschied sein und Neubeginne,
Um sich in Tapferkeit und ohne Trauern,
In andre, neue Bindungen zu geben.
Und jedem Anfang wohnt ein Zauber inne,
Der uns beschützt und der uns hilft, zu leben.

Wir sollen heiter Raum um Raum durchschreiten,
An keinem wie an einer Heimat hängen,
Der Weltgeist will nicht fesseln uns und engen,
Er will uns Stuf' um Stufe heben, weiten.
Kaum sind wir heimisch einem Lebenskreise,
Und traulich eingewohnt, so droht Erschlaffen;
Nur wer bereit zu Aufbruch ist und Reise,
Mag lähmender Gewöhnung sich entraffen.

Es wird vielleicht auch noch die Todesstunde,
Uns neuen Räumen jung entgegen senden,
Des Lebens Ruf an uns wird niemals enden,
Wohlan denn, Herz, nimm Abschied und
gesunde!

Hermann Hesse

Seelenschmerz

Wenn ich auf mein bewegtes Leben zurückblicke, erkenne ich, dass die Liebe die Kraft hatte,
mich zu heilen und zu trösten, selbst in den
dunkelsten Stunden. Doch gleichzeitig brachte sie
auch Schmerz und Verlust mit sich, der mich bis
ins Mark erschütterte. Trotz allem bereue ich
keine meiner Beziehungen, denn jede Einzelne
von ihnen hat mich zu dem Menschen gemacht,
der ich heute bin.

Mit jeder Frau, die ich liebte, erkannte ich
irgendwann, dass Liebe keine Garantie für ein
glückliches Leben ist. Sie kann uns zum Lachen
bringen und uns Trost spenden, aber sie kann uns
auch verletzen und uns zerstören. Doch selbst in
unseren dunkelsten Momenten gibt sie uns Hoffnung und Zuversicht, dass wir die Kraft haben,
weiterzumachen und unser Leben vielleicht
wieder zu genießen.

Heute, nach fünfzig vergangenen Jahren an
der Seite meiner Frauen, voller Höhen und
Tiefen, stehe ich hier, mit einem gebrochenen
Herzen und unzähligen Erinnerungen an die
Frauen, die ich liebte. Der Tod von Snežana
machte mich sehr traurig, aber er erinnert mich
auch daran, wie kostbar das Leben ist und wie
wichtig es ist, jeden Moment zu schätzen. Denn,

auch wenn die Menschen die wir lieben, irgendwann von uns gehen, bleibt ihre Liebe für immer
in unserem Herzen.

So schließe ich meine Augen und denke an die
Frauen, die mein Leben auf so vielfältige Weise
berührt haben. Ihre Liebe wird immer ein Teil
von mir sein, auch wenn sie mir nicht mehr nah
sein werden, lebt ihr Geist in mir weiter. Und
während ich meinen Blick in die Zukunft richte,
bin ich dankbar für die Zeit, die ich mit ihnen verbringen durfte, und für die Liebe, die sie mir
geschenkt haben.

Die Erinnerungen, die die Frauen, die ich
liebte und begehrte, von mir haben, werden stark
von der Art meiner Beziehung zu ihnen geprägt
sein und von den Eindrücken, die ich in ihrem
Leben in der Phase der Trennung hinterlassen
habe.

Wenn ich für sie ein liebevoller Partner war,
der sie mit Respekt, Zuneigung und Fürsorge
behandelt hat, werden sie sich an mich als jemanden erinnern, der ihnen Geborgenheit und Sicherheit gegeben hat. Sie werden sich an die kleinen
Gesten der Liebe erinnern, an die gemeinsamen
Momente des Glücks und der Verbundenheit, an
die Art und Weise, wie ich sie zum Lachen
gebracht habe, und an die Unterstützung, die ich
ihnen in schwierigen Zeiten gegeben habe.

Wenn ich für sie ein leidenschaftlicher Liebhaber war, der ihre Sehnsüchte und Bedürfnisse verstand und respektierte, werden sie sich an mich als jemanden erinnern, der ihre Leidenschaft entfacht hat und ihre Sinne beflügelte. Sie werden sich an die intimen Momente erinnern, die wir miteinander geteilt haben, an die sinnlichen Berührungen und die elektrisierende Anziehungskraft zwischen uns beiden.

Aber wenn sie mich in unserer Beziehung egoistisch, respektlos oder verletzend empfanden, könnten die Erinnerungen, die bleiben, von Schmerz, Enttäuschung und Trauer geprägt sein. Sie könnten sich an die Konflikte und Dispute erinnern, an die Verletzungen, die ich unbewusst verursacht habe, und an ihre unerfüllten Erwartungen und Hoffnungen.

Letztendlich hängt es davon ab, wie ich in den Herzen und Gedanken der Frauen, die ich liebte und begehrte, präsent war. Mein Erbe wird von den Spuren bestimmt, die ich in ihren Leben hinterlassen habe, und davon, wie ich sie berührt habe, nicht nur körperlich, sondern auch emotional und intellektuell.

Ich hatte einen Punkt in meinem Leben erreicht, an dem sich eine Frage immer deutlicher und dringlicher in meinen Gedanken festsetzte. Sie war so einfach, und doch so überwältigend, dass ich nicht wusste, wie ich darauf reagieren sollte. Diese Frage drehte sich darum, ob mein Leben überhaupt noch lebenswert war.

War das hier alles, was es zu erwarten gab? War dies der Höhepunkt, das Finale?

Ich wusste, dass sich wahrscheinlich jeder Mensch diese Frage irgendwann stellt. Doch ich fragte mich, ob sie auch für andere mit derselben bedrückenden und unpersönlichen Macht auftrat, wie es bei mir der Fall war.

Diese Frage war begleitet von einer Traurigkeit, einer verschwommen, namenlosen Traurigkeit. Sie schien nichts mit einem bestimmten Ereignis oder Schicksalsschlag in meinem Leben zu tun zu haben. Ja, ich war mir nicht einmal sicher, ob sie wirklich mit den Veränderungen der letzten 20 Jahre in meinem Alltag zusammenhing. Ich glaubte vielmehr, dass diese Trauer und die Frage aus der Summe meiner Lebensjahre resultierten, aus der Anhäufung von Verlieben und Verlassen und den damit verbundenen Facetten, die mir das Leben zugespielt hatte. Vielleicht war es diese Verdichtung von den außergewöhnlichen Erfahrungen und bitteren Enttäuschungen am Ende, die mich zu dem Schluss führte, dass alles, selbst der kleine persönliche Erfolg, den ich in meinem Leben erlangt hatte, letztlich bedeutungslos war, ein vergeblicher Versuch,

Ordnung in mein Universum zu bringen, das unaufhaltsam auf das finale Nichts zulief.

Eines Abends stand ich am Fenster meines Arbeitszimmers und blickte hinaus auf das weite Land, das sich bis zum Horizont erstreckte. Die Dunkelheit, die sich über die Landschaft legte, schien endlos. Der wolkenlose Himmel schimmerte, aber er schien weder Tiefe noch Höhe zu besitzen, nur eine unerreichbare Leere. Einen kurzen Augenblick lang hatte ich das Gefühl zu fliegen, so wie früher, als sich die Räder meines Flugzeugs von der Startbahn lösten, als würde ich mich von mir selbst lösen und in die stille, weite Nacht hineinschweben. Die Bäume, die Felder, die fernen Sterne, alles wirkte winzig, als würde das gesamte Universum in sich zusammenfallen, bis plötzlich das Geräusch der Tür, die hinter mir ins Schloss fiel, mich zurück in die Realität holte.

Besonders in den Wintermonaten, die so dunkel und kalt waren, befand ich mich immer öfter in diesen tranceartigen Zuständen, in denen ich das Gefühl hatte, mich von meinem eigenen Körper zu lösen und wie früher zu fliegen. Ich beobachtete mich dabei, als wäre ich ein Fremder, ein mir seltsam vertrauter Fremder, der gewohnheitsmäßig durch sein Leben ging, ohne wirklich da zu sein. Diese innere Spaltung war mir neu, und obwohl ich spürte, dass etwas nicht stimmte, konnte ich mich nicht dazu durchringen, es ernst zu nehmen. Es schien mir schlichtweg nicht mehr wichtig.

Nun, in meinem Alter, blicke ich auf eine Zukunft, die mir nichts mehr zu bieten scheint.

Zumindest im Moment.

Vor mir sehe ich eine Leere, und die vielen Erinnerungen, die ich besitze, bieten mir keinen Trost mehr.

In meinem siebten Lebensjahrzehnt erfuhr ich, was andere, oft jüngere Menschen, vor mir erfahren hatten; dass nämlich jene Person, die man zu Beginn liebt, nicht jene Person ist, die man am Ende liebt, und das Liebe kein Ziel, sondern der Beginn eines Prozesses ist, durch den ein Mensch versucht, einen anderen kennenzulernen.

Von dem Moment aber, als meine geliebte Frau unser Zuhause verließ, spürte ich irgendwo innerhalb einer gefühlten Taubheit, die sich von dem kleinen Kern meines Wesens her ausbreitete, dass ein Abschnitt meines Lebens vorüber war, dass ein Teil von ihm dem Tod nahe genug war, um seiner Ankunft beinahe gelassen entgegensehen zu können.

Last Flight To The Stars[1]

Dam da da da dam da da da
Dam da da da dam da da da
Dam da da da dam da da da

Watching the sky, I can't deny
I dream of being in heaven
No gravity, like mystery
I wish I could stay forever
I fly so high up to the sky

I take the last flight to the stars
I fall in love with planet Mars
The Milky Way is not so far
I'm simply all alone
I take the last flight to the stars
I'm passing Pluto, Venus, Mars
The Milky Way is not so far
I'm really all alone

---

[1] Refrain aus dem Lied Last Flight to the Stars von den beFour.

**Klammerst du die Liebe aus,
ist die Erde ein Grab.**

(Robert Browning (1812 - 1889)